Pe. Thiago Faccini Paro

O Caminho
Subsídios para Encontros de Catequese – Crisma

1ª Etapa
Catequista

"O que nós ouvimos, o que aprendemos, o que nossos pais nos contaram, não ocultaremos de nossos filhos; mas vamos contar à geração seguinte as glórias do Senhor, o seu poder e as obras grandiosas que Ele realizou." (Sl 78,3-4)

© 2017, Editora Vozes Ltda.
Rua Frei Luís, 100
25689-900 Petrópolis, RJ
www.vozes.com.br
Brasil

1ª edição, 2017.

2ª reimpressão, 2022.

Todos os direitos reservados. Nenhuma parte desta obra poderá ser reproduzida ou transmitida por qualquer forma e/ou quaisquer meios (eletrônico ou mecânico, incluindo fotocópia e gravação) ou arquivada em qualquer sistema ou banco de dados sem permissão escrita da editora.

CONSELHO EDITORIAL

Diretor
Gilberto Gonçalves Garcia

Editores
Aline dos Santos Carneiro
Edrian Josué Pasini
Marilac Loraine Oleniki
Welder Lancieri Marchini

Conselheiros
Francisco Morás
Ludovico Garmus
Teobaldo Heidemann
Volney J. Berkenbrock

Secretário executivo
Leonardo A.R.T. dos Santos

Diagramação: Ana Maria Oleniki
Revisão: Francine Porfirio Ortiz
Ilustração: Guto Godoy
Capa: Ana Maria Oleniki

Colaboração e agradecimentos
Amanda Carvalho e Lincoln Menezes, Maria José Sales, Pe Ronaldo José Miguel, Rosimeire Mendes e Sueli Moreira Pierami.

ISBN: 978-85-326-5392-5

Este livro foi composto e impresso pela Editora Vozes Ltda.

Sumário

Apresentação, 5

Introdução, 7

Celebração de apresentação e envio dos catequistas, 15

I PARTE

MEUS ENCONTROS DE CATEQUESE, 17

Retiro Espiritual para Catequizandos e suas Famílias, 19

1º ENCONTRO – O Tempo de Deus, 27

2º ENCONTRO – A fé: o que é?, 30

3º ENCONTRO – A Igreja, transmissora da fé, 33

4º ENCONTRO – Da Igreja recebi e como Igreja devo transmitir, 37

5º ENCONTRO – História da Salvação: Deus tem um projeto, 39

6º ENCONTRO – Deus prepara um caminho de salvação, 42

7º ENCONTRO – Jacó e os doze filhos, 46

8º ENCONTRO – José e o ciúme dos irmãos, 49

9º ENCONTRO – A escravidão no Egito, 51

10º ENCONTRO – Moisés e sua missão, 53

11º ENCONTRO – A libertação do Egito e a instituição da Páscoa, 55

12º ENCONTRO – A Páscoa Judaica anualmente celebrada, 58

13º ENCONTRO – A Aliança e as Tábuas da Lei, 63

14º ENCONTRO – A terra prometida e a constituição das doze tribos, 66

15º ENCONTRO – Juízes, Reis e Profetas, 69

16º ENCONTRO – O exílio: a esperança do retorno, 72

17º ENCONTRO – O Messias esperado, 75

18º ENCONTRO – Deus escolhe uma mulher, 77

19º ENCONTRO – Portadores de Deus (visita), 80

20º ENCONTRO – Encarnação: Deus se faz homem, 81

21º ENCONTRO – São José, o homem justo, 83

22º ENCONTRO – Os três magos e os presentes, 86

23º ENCONTRO – Os quatro Evangelhos: vida e ensinamentos de Jesus, 89

24º ENCONTRO – A escolha dos apóstolos, 93

25º ENCONTRO – O Reino anunciado por Jesus, 95

26º ENCONTRO – Obediência ao Pai, até as últimas consequências, 98

27º ENCONTRO – Pedro nega Jesus, 100

28º ENCONTRO – Do lado aberto de Jesus na cruz, nasce a Igreja, 102

29º ENCONTRO – Em Pentecostes nasce a missão da Igreja, 105

30º ENCONTRO – Pedro, o primeiro Papa da Igreja, 108

31º ENCONTRO – Os discípulos de Emaús, 111

32º ENCONTRO – As primeiras comunidades, 114

ENCONTROS da Novena de Natal – Somos comunidade! 119

II PARTE

Anexos, 121

Apresentação

Ao longo da redação deste subsídio, recebemos inúmeros testemunhos de catequistas e padres que conheceram ou adotaram em suas paróquias a proposta de Iniciação à Vida Cristã da coleção *O Caminho*. Encantados e animados por estes relatos, decidimos partilhar alguns deles, pois a opinião de quem o utiliza pode favorecer a compreensão da qualidade e adesão desse material.

> *"O autor soube adaptar criativamente os princípios e ritos do RICA à catequese das comunidades, criando um método catequético que leva em consideração os diversos aspectos de uma catequese que integre vida e liturgia. É uma verdadeira catequese mistagógica e iniciática."*
>
> Pe. Dr. Francisco Taborda
> Professor da FAJE – Belo Horizonte

> *"A proposta metodológica dos subsídios O Caminho é muito rica, cativante e didática. Além de seguir a pedagogia do catecumenato, promove a formação contínua e progressiva do catequista que realmente se dedicar ao acompanhamento do material. Estamos muito entusiasmados com a catequese, e isso é resultado da proposta de trabalho de O Caminho."*
>
> Janaina e Alexandre Gomes Fernandes
> Catequistas da Paróquia N. Sra. do Carmo,
> Região Brasilândia – Arquidiocese de São Paulo

> *"A metodologia participativa empregada em cada encontro oferece aos catequizandos a possibilidade de participar ativamente, isto é, escutar, ver, atender, sintonizar, orar, cantar, elaborar preces, favorecendo assim a introdução dos mesmos à participação litúrgica (...). O texto focaliza uma catequese querigmática, portanto bíblica, e a fonte na qual a catequese busca a sua mensagem é a Palavra de Deus, proporcionando um conhecimento gradativo de Jesus Cristo, de sua vida terrena, de sua missão salvífica e da proposta do Reino, podendo despertar o catequizando para o discipulado que é um dom destinado a crescer, dentro de um processo de amadurecimento da fé, em uma catequese permanente (...). A proposta pedagógica e mistagógica oferecida pelo texto resgatam a mentalidade catecumenal, prevista pelo RICA, que é revolucionária por trazer consigo a concepção mistérica da liturgia, tornando a catequese experiencial, celebrativa e orante. Dá importância aos símbolos (temos uma riqueza em termos de quantidade e significados) e aos progressivos e graduais passos na fé, assumindo assim as características de um processo iniciático."*
>
> Ir. Helenice Maria F. de Souza – PME
> Especialista em Catequese

"Desde que adotamos a coleção O Caminho, escutamos vários catequistas entusiasmados. Uma delas me disse que 'a nova metodologia veio como um tesouro para a nossa catequese, fazendo com que nossos catequizandos entendam e vivam o tempo litúrgico. Os encontros são mais leves e as crianças se sentem mais à vontade sem caderno e caneta, há mais interação e questionamento por parte delas. Além disso, os pais e padrinhos de batismo se tornaram mais presentes devido às celebrações existentes no método'. Outra catequista ainda disse: 'sou catequista há 10 anos e estou encantada com o método O Caminho, pois os catequizandos estão aprendendo cada momento que vivemos em nossa Igreja, eu estou aprendendo junto, conheci o calendário litúrgico depois que comecei a usar os subsídios O Caminho'. Com certeza é uma nova mentalidade na maneira de catequizar."

Pe. Marcos Neves
Paróquia Santa Terezinha – Araras
Diocese de Limeira/SP

Esperamos que O Caminho, pensado especialmente à preparação da Confirmação, complemente o processo de Iniciação à Vida Cristã contribuindo na formação de discípulos missionários motivados a viverem plenamente o ser cristão.

Equipe *O Caminho*

Introdução

O subsídio para a Pastoral Catequética da Diocese de Barretos e a metodologia proposta nesse material basearam-se na Palavra de Deus, na longínqua tradição da Igreja que nos foi transmitida, na análise de outros recursos que nos serviram de inspiração e na experiência dos nossos catequistas.

Ao preparar os subsídios para o catequista e o Diário Catequético e Espiritual do catequizando, nossa equipe considerou que a Igreja sempre teve um calendário próprio, diferente do calendário civil, chamado Calendário Litúrgico. Portanto, a catequese que propomos está estreitamente ligada ao Calendário Litúrgico, iniciando no primeiro domingo da Quaresma com um grande retiro espiritual destinado aos catequizandos e seus pais ou responsáveis. Deste modo, aproximam-se a catequese e a liturgia.

A Catequese Crismal que pensamos está estruturada em três etapas. Cada etapa terá a duração mínima de um ano. O tempo de cada etapa poderá ser alterado de acordo com a maturidade do catequizando.

1ª Etapa – História da Salvação

Trabalhar com os catequizandos a concepção cristã de tempo como momento oportuno da salvação de Deus para o homem (tempo kairótico). Refletir sobre os principais momentos da História da Salvação, iniciando pela escolha de Abraão até Jesus Cristo e a fundação da Igreja, destacando o conceito de Igreja, discipulado e missão.

2ª Etapa – Conhecer-se para servir melhor

Levar os catequizandos a refletirem sobre si mesmos, quem são e qual o seu papel e lugar no mundo. Para isso, parte-se de temas centrais da adolescência: afetividade e sexualidade, busca da felicidade, drogas, liberdade, entre outros considerados significativos para a formação humana e cristã nessa faixa etária. Nesta caminhada busca-se possibilitar compreender o valor de uma cultura de paz, promover a descoberta da própria vocação e do seu lugar na Igreja, sendo um "cristão em tempo integral".

3ª Etapa – Ser Igreja: amar e servir

A terceira etapa acontecerá nas pastorais, nos grupos de serviço e na evangelização da paróquia. Para isso, após conhecer a vida e dinâmica da Igreja paroquial, os catequizandos serão convidados a se engajarem em alguma pastoral, associação ou movimento no qual, durante toda a terceira etapa, estarão envolvidos nos vários serviços e ministérios, participando de suas reflexões e atividades. Nesta etapa, com acompanhamento de um catequista, os encontros acontecerão uma vez por mês envolvendo momentos de partilha e orientações. No final desta etapa, cujo tempo será determinado de acordo com a realidade de cada comunidade, serão crismados aqueles que se sentirem preparados para participar da vida eclesial.

Para esta etapa e o bom êxito do itinerário proposto é importante criar um espírito de pastoral de conjunto, informando e formando as lideranças das comunidades, pastorais, movimentos e associações que acolherão os catequizandos que lhes serão encaminhados.

Para a terceira etapa não teremos um livro específico, apenas um subsídio complementar com as orientações necessárias a acompanhar o volume da segunda etapa.

Em relação à faixa etária dos catequizandos, o material foi pensado e preparado de acordo com a pedagogia das idades, idealizado para ser usado entre 12 e 14 anos.

Para a primeira e segunda etapas preparamos um volume chamado *Diário Catequético e Espiritual do Catequizando*. Como o próprio nome revela, trata-se de um recurso no qual o catequizando fará o registro de algumas atividades de sua vivência de fé relacionada a cada encontro. Para isso, o catequista poderá orientá-los sobre as atividades solicitadas no Diário referente ao que foi refletido, usá-lo no decorrer dos encontros em momentos como recordação da vida e partilha, e ainda torná-lo um recurso para desenvolver a reflexão do encontro.

Formar uma Pastoral de Conjunto

Buscando dialogar, conscientizar e corresponsabilizar na transmissão da fé, queremos inserir comunidades, pastorais, movimentos e associações no processo de Iniciação à Vida Cristã, criando uma verdadeira Pastoral de Conjunto.

De maneira prática, e de acordo com a realidade de cada paróquia e comunidade, a **Pastoral Familiar e o Setor Juventude** poderão ser envolvidos e encarregados de **preparar** encontros bimestrais com famílias e jovens. Outras comunidades, pastorais, movimentos e associações poderão ser convidadas a estar presentes com os catequizandos à medida que os temas são desenvolvidos e relacionados com o trabalho dos respectivos grupos. Por exemplo, ao se trabalhar com assuntos que envolvam a saúde, a Pastoral da Saúde poderá ser convidada a atuar com a catequese; ao se abordar temas relativos à violência, a Pastoral Carcerária poderá expor a situação das pessoas envolvidas com crimes e suas causas.

No término da segunda etapa e durante toda a terceira etapa, todos os grupos poderão ser convidados a acolher adolescentes e jovens nos seus respectivos serviços e ministérios, ajudando-os a conhecer a grande diversidade de dons presentes na Igreja e inserindo-os na vivência eclesial.

Trabalho com a Família

Nossa proposta quer possibilitar uma maior interação entre comunidade e a família dos catequizandos. Ainda, prima por resgatar a importância e corresponsabilidade dos padrinhos de Batismo no processo de crescimento dos seus afilhados na fé cristã. Com essa intenção, propõe-se reuniões com temas específicos para formar, conscientizar e inserir as famílias no processo catequético e na vida eclesial. Os temas selecionados, em sua maioria, são os mesmos refletidos na catequese durante os encontros, visando possibilitar aos familiares melhor acompanhar e levar os catequizandos a assumirem o seu papel como primeiros responsáveis pela educação da fé.

Buscando constituir uma Pastoral de Conjunto, os encontros com as famílias poderão ficar sob a responsabilidade da Pastoral Familiar e se realizar através dos grupos da paróquia que trabalham com as famílias, tais como: Encontro de Casais com Cristo (ECC), Equipes de Nossa Senhora e a própria Pastoral Familiar. Em anexo apresentamos um breve roteiro com sugestões de temas a serem abordados bimestralmente nos encontros. Esses podem ser preparados de maneira acolhedora e celebrativa.

Os futuros PADRINHOS de crisma

Considerando a importância do papel dos padrinhos de crisma, sugere-se orientar os catequizandos a realizar a escolha de seu futuro padrinho no final da primeira etapa da Catequese

Crismal. Para envolver padrinhos e madrinhas no bom desempenho de sua missão junto aos afilhados, no processo catequético, propomos a realização de uma formação por meio de reuniões bimestrais. No volume da segunda etapa apresentaremos uma proposta de roteiro de formação que poderá ser usado ou servir de inspiração, adequando-se a diferentes realidades.

De modo especial, indica-se refletir com os catequizandos sobre a possibilidade de virem a escolher o mesmo padrinho do Batismo, a quem já foram confiados o acompanhamento e a transmissão da fé.

Os Encontros e sua Organização

A nossa proposta para os encontros é que as reflexões estejam estruturadas ao redor de duas mesas, a saber: a *Mesa da Palavra* e a *Mesa da Partilha*. Isso para buscar uma estreita ligação entre catequese e liturgia em encontros dinâmicos e celebrativos.

A Mesa da Palavra

Consiste em organizar um ambão ou uma pequena mesa para colocar a Bíblia, ter uma vela acesa e usar toalha com a cor do Tempo Litúrgico que se está celebrando. Sugere-se que a Mesa da Palavra esteja em um lugar de destaque e específico da sala de encontros, capaz de possibilitar aos catequizandos aproximarem-se ao seu redor.

Com a inserção da Mesa da Palavra quer se destacar e valorizar a leitura da Bíblia, mostrando que não é apenas um livro a mais para ser estudado, como também orientar e fazer a experiência de acolhida da Palavra de um Deus que nos fala. O fato de mobilizar os catequizandos a irem até essa mesa onde será proclamada a Palavra, colocar-se de pé ao seu redor, trocar a toalha de acordo com o Tempo Litúrgico, solenizando a leitura bíblica e incentivando a sua escuta, possibilita revelar, através de gestos e posturas, o valor e a importância que lhe damos em nossa comunidade Igreja, além de remeter os catequizandos ao ambiente celebrativo da Eucaristia.

A Mesa da Partilha

Trata-se de uma grande mesa com várias cadeiras ao seu redor. É o local onde os catequizandos buscarão compreender, com a ajuda do catequista, o sentido e significado da Palavra em seu contexto e para as suas vidas. Ao redor da mesa, integrados, chegarão ao seu entendimento ao reconstruir o texto bíblico, dialogar, ouvir histórias, contemplar os símbolos presentes em cada encontro e nos textos bíblicos e, também, realizar diversas atividades. Nessa mesa, recordando o costume antigo das famílias de tomar a refeição, catequista e catequizandos saborearão o alimento da Palavra que dá vida e sacia toda sede.

Os espaços destinados à catequese que propomos buscam, portanto, descaracterizar os lugares de encontro em relação às salas de ensino escolar, mostrando que nossos catequistas não são professores, mas mistagogos que guiam os catequizandos para o Mistério, para uma experiência viva e pessoal de Jesus Cristo.

A cada encontro são oferecidas sugestões que deverão ser enriquecidas e adaptadas à realidade da comunidade. Num clima alegre e acolhedor, a Palavra se atualiza e se transforma em oração e gestos concretos.

EXPLICANDO NOSSA PROPOSTA

1. ESTRUTURA DOS ENCONTROS – SUBSÍDIO DO CATEQUISTA

Na sequência apresentamos as orientações sobre a dinâmica da nossa proposta para o catequista desenvolver os encontros, a fim de ajudá-lo na ação catequética. Para tanto, o Subsídio do Catequista propõe as orientações para cada encontro da seguinte forma:

Palavra inicial – Neste tópico o catequista encontrará os objetivos a serem atingidos com o encontro ou a mensagem que deverá ser transmitida para os catequizandos.

Preparando o ambiente – Oferece sugestões de símbolos e maneiras de preparar e organizar os espaços, informando também os materiais a serem providenciados para os encontros. É importante envolver os catequizandos na preparação do ambiente distribuindo funções com antecedência, como por exemplo pedindo a um para trazer as flores, a outro para acender a vela, a um grupo para preparar e ensaiar os cantos... O ambiente poderá também ter uma imagem de Jesus, Nossa Senhora ou do padroeiro da comunidade. Esta imagem poderá ser levada semanalmente para a casa de um catequizando, que ficará responsável por trazê-la no próximo encontro. No dia em que a imagem estiver na casa, incentive-os a rezar em família.

Acolhida – Em todos os encontros é sugerida uma frase para a acolhida dos catequizandos, com a intenção de prepará-los para a temática que será refletida.

Recordação da vida – Tem a intenção de recordar brevemente fatos e acontecimentos marcantes da comunidade e da sociedade, além de recordar o tema e gesto concreto do encontro anterior. O catequista pode incentivar a leitura do que os catequizandos escreveram no Diário Catequético e Espiritual no decorrer da semana. Este momento poderá acontecer ao redor da Mesa da Palavra como parte da oração inicial, na Mesa da Partilha antes da oração, ou a critério do catequista.

NA MESA DA PALAVRA

O momento em torno da Mesa da Palavra envolve:

Oração inicial – Traz sugestões de orações e propõe que o catequista, juntamente com os catequizandos, selecione cantos para a oração inicial. Este momento deverá ser dinamizado e ritualizado pelo catequista criativamente para envolver os catequizandos com a reflexão do tema, tornando o processo importante e especial, de tal modo que desperte o desejo de participar ativamente dele.

Leitura do texto bíblico – Buscando resgatar a importância e dignidade da Palavra de Deus na vida do cristão, toda a temática dos encontros apresenta como tema gerador o texto bíblico proclamado. O texto bíblico norteia todo o encontro, fazendo com que os catequizandos sejam introduzidos na linguagem bíblica e atualizem sua mensagem a cada dia. Para este momento propõe-se fazer uma escala, distribuindo passagem bíblica entre os catequizandos para que todos possam proclamar a Palavra no decorrer dos encontros. Para o momento de proclamar a Palavra sugere-se:

- Ler o texto bíblico ao menos duas vezes. A primeira leitura na íntegra pelo catequizando escalonado e a segunda pelo catequista de maneira pausada, com destaque para os versículos da temática do encontro.
- A leitura do catequizando deverá ser realizada de maneira clara e ritual, fazendo uma saudação respeitosa antes e depois, beijando a Palavra quando for um Evangelho, mostrando a importância e dignidade de tal livro.
- A leitura do catequista poderá ser realizada de maneira pausada, com destaque para os versículos da temática do encontro.

Seria importante que, antes de cada encontro, o catequista fizesse uma *lectio divina* (Leitura Orante da Bíblia envolvendo leitura, oração, meditação e contemplação). Durante os encontros de catequese, na medida do possível, utilizar o esquema da Leitura Orante da Bíblia com os catequizandos.

NA MESA DA PARTILHA

É na Mesa da Partilha que o encontro se desenvolverá. Dinâmicas e símbolos auxiliarão o catequista a transmitir a mensagem da Boa Nova de Jesus Cristo. O catequista poderá adaptar, acrescentar ou mudar as sugestões de acordo com a realidade de cada grupo. Por isso, é indispensável que prepare com antecedência cada encontro.

Importante: Todos os catequizandos deverão levar a Bíblia para os encontros de catequese. Na *Mesa da Partilha*, após a reconstrução do texto bíblico, o catequista poderá pedir aos catequizandos para que abram suas Bíblias na passagem proclamada durante a oração inicial e façam uma leitura silenciosa e pessoal, na qual poderão descobrir outros elementos além daqueles percebidos durante a "reconstrução" do texto bíblico, bem como aprimorar o manuseio da Bíblia.

Conclusão – Momento de motivar e comunicar aos catequizandos o compromisso da semana, o gesto concreto a ser expressado como maneira de atualizar a Palavra lida, meditada e contemplada na vivência de cada um. Também pode-se recordar os aniversariantes de Batismo da semana e distribuir as funções para o próximo encontro.

Oração final – Realizar a oração final, de preferência, sempre ao redor da Mesa da Palavra ou de onde foi feita a oração inicial. É um momento em que o catequista incentiva os catequizandos a fazerem orações e preces espontâneas, podendo-se concluir com a oração indicada para cada encontro ou uma bênção.

Material de apoio

Em alguns encontros o catequista encontrará material de apoio, tais como textos, citações e sugestões de bibliografia para aprofundar a temática. É de suma importância, porém, que o catequista participe de encontros, cursos, reuniões e retiros para se atualizar e melhor se preparar a esse tão importante ministério. Afinal, será somente a partir do conjunto dessas práticas que se poderá haver uma plena caminhada em sintonia com a diocese, paróquia e comunidade.

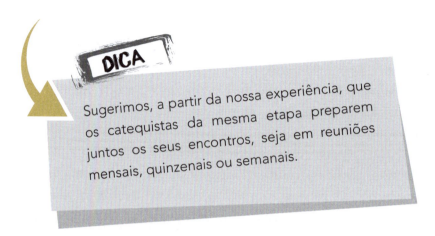

DICA

Sugerimos, a partir da nossa experiência, que os catequistas da mesma etapa preparem juntos os seus encontros, seja em reuniões mensais, quinzenais ou semanais.

2. NA CATEQUESE, A ORGANIZAÇÃO DAS ATIVIDADES

Por considerar que o planejamento é algo indispensável para o bom êxito de qualquer atividade, na sequência propomos um modelo de cronograma para que o catequista possa registrar as principais informações sobre as atividades que ocorrerão no decorrer do ano de catequese. É importante ressaltar que o mesmo poderá ser adaptado à realidade de cada comunidade. Um cronograma semelhante poderá ser preparado, entregando uma cópia aos catequizandos, para colarem no seu Diário Catequético e Espiritual, e outra às suas famílias para que possam se organizar a fim de participar das atividades da catequese.

Cronograma das atividades da catequese

Inscrições da catequese: _____ a _____ das ___ às ___h. Local: _____

Período de visita às famílias dos catequizandos: _____ a _____.

Celebração de apresentação e envio dos catequistas: _____ às ___h ___ min. Local: _____

Quarta-feira de Cinzas: _____ às ___h ___ min. Local: _____

Retiro Espiritual com os catequizandos e familiares: _____ às ___h ___ min. Local: _____

Início da catequese: _____ às ___h ___ min. Local: _____

Domingo de Ramos: _____ às ___h ___ min. Local: _____

Missa dos Santos Óleos: _____ às ___h ___ min. Local: _____

Missa da Ceia do Senhor: _____ às ___h ___ min. Local: _____

Vigília Eucarística - Hora Santa: _____ às ___h ___ min. Local: _____

Celebração da Paixão: _____ às ___h ___ min. Local: _____

Sábado – Missa da Vigília Pascal: ____/____/____ às ___h ___ min. Local: _____

Domingo de Pentecostes: ____/____/____ às ___h ___ min. Local: _____

Corpus Christi (enfeitar a rua): _____ às _____h. Local: _____

Missa de Corpus Christi: _____ às ___h ___ min. Local: _____

Festa do Padroeiro da Paróquia/Comunidade: _____ às ___h ___ min. Local: _____

Novena de Natal (início): _____ às ___h ___ min. Local: _____

Reunião com os familiares dos catequizandos: _____ às ___h ___ min. Local: _____

Reunião com os familiares dos catequizandos: _____ às ___h ___ min. Local: _____

Reunião com os familiares dos catequizandos: _____ às ___h ___ min. Local: _____

Reunião com os familiares dos catequizandos: _____ às ___h ___ min. Local: _____

Reunião com os familiares dos catequizandos: _____ às ___h ___ min. Local: _____

Reunião com os familiares dos catequizandos: _____ às ___h ___ min. Local: _____

Outras datas:

DIÁRIO CATEQUÉTICO E ESPIRITUAL

O material do catequizando nesta etapa é intitulado *Diário Catequético e Espiritual*, o qual será um registro da vivência de fé e, com incentivo, um recurso para realizar atividades no encontro e fora dele.

O Diário está organizado da seguinte forma:

MEU MOMENTO DE ORAÇÃO DIÁRIA

Contém orientações para o catequizando realizar um momento diário de oração pessoal, que deve ser incentivado pelo catequista constantemente durante os encontros.

OS ENCONTROS

Para cada encontro é proposto um pequeno texto relacionado ao tema a ser refletido e uma citação bíblica acompanhada de uma ilustração. Ainda, são apresentadas algumas atividades para ajudar os catequizandos a fazer memória da experiência vivida no encontro, como também para ajudá-los a meditar sobre a temática do encontro ou da celebração.

MEU DOMINGO

No Diário, ainda, propõe-se um espaço provocativo para ajudar a refletir sobre a celebração eucarística de cada domingo, onde o catequizando é convidado a registrar mensagens ou palavras, atitudes ou mudanças suscitados por sua participação na celebração dominical.

Como aproveitar o Diário?

No primeiro encontro, o catequista deverá orientar e combinar com os catequizandos como utilizarão o Diário Catequético e Espiritual. No decorrer dos encontros, então, alertá-los para realizarem os registros de sua catequese durante a semana.

As atividades do Diário, em nossa experiência, têm por intencionalidade serem realizadas em casa e, sempre que possível, junto com a família, não sendo necessário levá-lo a todos os encontros. O seu uso no encontro pode ser determinado pelo catequista para realizar:

- roda de conversa para partilhar os registros e as experiências vividas ao término de um tempo litúrgico;
- debate sobre as mensagens litúrgicas;
- questões específicas de cada tema para os catequizandos, com o propósito de acompanhar o entendimento do conteúdo que estiverem registrando;
- análise que servirá de base para corrigir equívocos de entendimento;
- encontro orante e muitas outras possibilidades.

Sabemos dos grandes desafios a serem superados durante todo o processo catequético, porém a esperança e a fé que nos movem são muito maiores. Que, sem medo, nos lancemos no serviço para o qual Deus nos chama, sendo testemunhas vivas da fé da comunidade celebrante.

Pe. Thiago Ap. Faccini Paro e Equipe

Apresentação e envio dos catequistas

Palavra inicial: O objetivo da celebração é apresentar para toda a comunidade os catequistas que exercerão o ministério da catequese, destacando a grande importância desse serviço à vida da Igreja. Aconselhamos que essa celebração aconteça no 1º Domingo do Advento seguindo a liturgia do dia. Por motivos pastorais pode ocorrer num outro dia da semana.

Preparando o ambiente: Cartaz ou banner com o Calendário Litúrgico que poderá entrar na procissão inicial e ser colocado em lugar de destaque. Uma Bíblia a ser entregue para cada catequista, em sinal da missão por eles assumida como anunciadores do Reino. Reservar bancos para os catequistas. Acrescentar na monição inicial a apresentação e o envio dos catequistas.

Procissão inicial: Os catequistas participam da procissão inicial.

Saudação inicial: O presidente acolhe os catequistas.

(Tudo segue como de costume, até a homilia.)

Rito de apresentação e envio dos catequistas

(Após a proclamação do Evangelho e a homilia, o diácono ou, na falta dele, o coordenador da catequese, chama cada um dos catequistas pelo nome.)

Diácono: *Queiram aproximar-se os que exercerão o ministério da catequese: ...N..., ...N...*

Cada um responde individualmente: *Presente!*

(Ou todos juntos se forem muitos.)

(Os catequistas proferem seu compromisso catequético.)

Comentarista: Neste momento convidamos todos os catequistas a ficarem de pé e, a uma só voz, pronunciarem seu compromisso.

Nós, catequistas, viemos perante esta assembleia congregada pelo Senhor manifestar o desejo de participarmos do ministério da catequese. O Senhor que nos chamou a formar parte do seu povo, pelo Batismo, convida-nos a ser testemunhas, mestres e educadores da fé.

Ao assumirmos esse serviço, estamos conscientes de participar da grande missão que Jesus Cristo confiou à sua Igreja: "ide por todo o mundo e anunciai a todos a mensagem da salvação".

Presidente: Caros catequistas, quereis viver o vosso ministério na fidelidade a Deus e na atenção aos irmãos?

Catequistas: Sim, queremos.

Presidente: Estais dispostos a desempenhar a vossa missão, sendo testemunhas da Boa Nova de Jesus?

Catequistas: Sim, estamos.

Presidente: Quereis viver o vosso serviço de catequistas, em espírito de serviço à comunidade?

Catequistas: Sim, queremos.

(O presidente estende as mãos sobre os catequistas.)

Presidente: *"Dignai-vos, Senhor, a confirmar em seu propósito, com a vossa benção † paterna, estes vossos filhos e filhas que anseiam por entregar-se ao trabalho da catequese, para que se esforcem por instruir os seus irmãos em tudo que aprenderem com a meditação da vossa Palavra de acordo com a doutrina da Igreja."*[1]

Catequistas: *Amém.*

---

[1] Oração extraída de **Presbiterial** (Petrópolis: Vozes, 2007), "Bênçãos Referentes à Catequese e à Oração Comum". p. 671.

(Logo após se aproximam, um de cada vez ou, se forem muitos, fazem uma fila um ao lado do outro, e o presidente entrega a Palavra de Deus a cada um.)

Presidente: *...N..., recebe o Livro Sagrado, instrumento e sinal de seu ministério, exerça-o com solicitude, transmitindo com fidelidade a Sua Palavra para que ela frutifique cada vez mais no coração das pessoas.*

Catequista: *Amém.*

(Se forem muitos, o padre diz a fórmula somente uma vez e, depois, prossegue com a entrega da Bíblia enquanto se entoa um canto. Todos retornam aos seus lugares e a missa continua como de costume.)

Preces: No momento da Oração da Assembleia, pode-se acrescentar algumas das orações pelos catequistas e catequizandos.

Se oportuno, ao final da oração Pós-Comunhão apresentam-se os catequizandos que ingressarão na catequese. No final, o padre dá a bênção de envio aos catequistas.

Oremos: *Deus de infinita sabedoria, que chamastes o apóstolo Paulo para anunciar às nações o vosso Filho, nós vos imploramos em favor de vossos servos e servas, catequistas de nossas comunidades, que vivem com dedicação e fidelidade sua vocação: concedei-lhes imitar o apóstolo dos gentios, abrindo-se a vossa graça e considerando todas as coisas como perda comparada ao bem supremo do conhecimento de Cristo, vosso Filho, a fim de que permaneçam fiéis ao anúncio da Palavra e no testemunho da caridade. Amém. ABENÇOE-VOS, DEUS TODO-PODEROSO, PAI...*

I Parte

Meus encontros de catequese

Retiro Espiritual para Catequizandos e suas Famílias

(O retiro deverá acontecer de preferência no 1º Domingo da Quaresma)

Palavra inicial: Com este retiro se quer iniciar uma nova etapa do itinerário catequético, despertando nos catequizandos e suas respectivas famílias a consciência de sua importância no processo de conhecimento e amadurecimento da fé, da vivência cristã, acolhendo-os e esclarecendo a dinâmica catequética nesta nova etapa.

Promovido por quem? Pastoral Catequética; Pastoral Familiar; Grupos de Jovens existentes na paróquia; outras pastorais, movimentos e associações que queiram contribuir.

Recursos: Papel sulfite, cartolina ou papel pardo, barbante, prendedores de roupa, cartões no tamanho 10 x 15 cm para todos os participantes e insígnias para cada catequizando (escapulário ou medalhinha).

Sugestão de roteiro e horários:

8h – Chegada/acolhida/crachás/café
8h30 – Oração inicial
8h45 – Dinâmica de Integração
9h05 – 1ª Palestra – O Tempo
9h55 – Café
10h15 – 2ª Palestra – O Mistério da Fé
11h05 – Dinâmica de Grupos (conhecer a realidade)
11h40 – Painel – Apresentação catequizandos/famílias
12h – Almoço
13h15 – Entretenimento/animação
13h30 – Divisão família/catequizandos

Atividades – Jovens
13h40 – Palestra – "A missão do Crismando"
(Poderá ficar sob a responsabilidade do Setor Juventude e Grupos de Jovens.)
14h20 – Escrever o compromisso – Cartão
14h35 – Apresentação da programação da Catequese Crismal

Atividades – Famílias
13h40 – Palestra – "Sagrada Família"
(Poderá ficar sob a responsabilidade da Pastoral Familiar.)
14h20 – Escrever compromisso – Cartão
14h35 – Apresentação da programação da Catequese Crismal
15h – Celebração de Encerramento

ROTEIRO E ORIENTAÇÕES

Acolhida: Seria importante ter um grupo de jovens acolhendo os catequizandos e seus familiares com cantos, cartazes e muita alegria.

Crachás: Cada participante deverá ser identificado com um crachá confeccionado de maneira criativa. Sugerimos que no crachá do catequizando haja espaço para escrever o seu nome acima e o nome dos pais ou responsáveis abaixo, e no crachá do pais ou responsáveis haja espaço para o nome do catequizando.

Oração inicial: Para envolver os catequizandos e familiares, este momento deverá ser dinamizado e ritualizado pelos catequistas criativamente com orações, cantos, leitura e meditação de um texto bíblico... É importante preparar o espaço para a oração contendo ambão com toalha roxa para a leitura da passagem bíblica, vela e imagem de N. Senhora e/ou do padroeiro da comunidade. Sinais que remetem ao tempo da Quaresma e ao seu despojamento também poderão ser utilizados na ornamentação do espaço (galhos secos, areia, pedras, cinzas e outros). Os que presidem e conduzem o momento de oração poderão usar vestes litúrgicas.

—— DINÂMICA DE INTEGRAÇÃO DO GRUPO ——

De acordo com a realidade e quantidade de cada grupo, propor uma dinâmica de integração.

—— SUGESTÃO DE DINÂMICA DE INTEGRAÇÃO ——

Para a dinâmica é necessário deixar espaço para que os participantes possam caminhar. Providenciar aparelho de CD e músicas animadas.

O orientador pedirá para que os membros de cada família fiquem juntos e, ao som da música, todos caminhem no mesmo ritmo, um imitando os passos do outro (todos ao mesmo tempo com a perna direita, depois esquerda...). Ao sinal do orientador, uma família deverá se unir à outra e, ainda ao som da música, as duas famílias deverão caminhar no mesmo ritmo. Depois de alguns minutos o orientador novamente dará o comando e um grupo deverá se unir a outro e todos caminharão no mesmo ritmo. Assim acontecerá sucessivamente até que se forme um único grupo onde todos deverão caminhar igualmente, no mesmo ritmo.

<u>Ao final da dinâmica, refletir</u>: muitas vezes queremos que as pessoas sejam iguais a nós, pensem e ajam como nós. Porém a realidade não é assim (explorar as dificuldades de caminhar no mesmo ritmo das pessoas da família e com as demais, se unindo). Na diversidade de pensamentos e dons somos convidados a refletir, dialogar, aprender e crescer. A diversidade é necessária para que possamos amadurecer. A comunidade (Igreja) é o local por excelência onde podemos fazer essa experiência. Cada um com o seu dom e seu jeito de ser contribui para o anúncio e a edificação do Reino de Deus. Hoje nesse retiro somos convidados a partilhar nossas vidas, nosso ser e agir, reconhecendo no outro o rosto do próprio Cristo.

1ª e 2ª Palestras

A seguir apresentamos apenas um texto com as ideias gerais sobre a temática a ser desenvolvida nas duas palestras. No entanto, deverá ser aprofundada pelo palestrante ou grupo que a desenvolverá. Poderão ser dinamizadas com imagens, cantos ou outros recursos que despertem o interesse e envolvam os ouvintes.

1ª PALESTRA:

O Tempo

Olhando para a vida da Igreja (congregações, comunidades, pastorais, movimentos e fiéis), podemos refletir: "Por que essas pessoas rezam tanto? Por que os grupos iniciam suas atividades sempre rezando? Por que temos que participar da santa missa, pelo menos, aos domingos?". Rezo quando acordo, rezo antes de dormir, rezo agradecendo os alimentos... Encontramos respostas a essas questões quando vemos a estreita relação entre liturgia e tempo.

Vamos começar falando um pouco sobre o tempo. Em Eclesiastes 3,1-8 lemos:

> Debaixo do céu há momento para tudo, e tempo certo para cada coisa: Tempo para nascer e tempo para morrer. Tempo para plantar e tempo para arrancar a planta. Tempo para matar e tempo para curar. Tempo para destruir e tempo para construir. Tempo para chorar e tempo para rir. Tempo para gemer e tempo para bailar. Tempo para atirar pedras e tempo para recolher pedras. Tempo para abraçar e tempo para separar. Tempo para procurar e tempo para perder. Tempo para guardar e tempo para jogar fora. Tempo para rasgar e tempo para costurar. Tempo para calar e tempo para falar. Tempo para amar e tempo para odiar. Tempo para guerra e tempo para paz.

O tempo, para o sábio do Eclesiastes, é um suceder de momentos nos quais a vida acontece. É no tempo que nascemos e nele também morremos. No tempo plantamos e colhemos, brigamos e fazemos as pazes... A vida e a história obedecem a um suceder de durações e de momentos.

Observa-se que o tempo é uma das noções mais complexas e ricas que o homem possui e, pelo mesmo motivo, uma das mais difíceis de ser explicada[2]. O tempo marcado por dias, horas, minutos e segundos não passa de sinal ou referência do verdadeiro tempo, a duração das coisas. Relógios e calendários são resultados de observações e cálculos matemáticos. O tempo, enquanto baseado no movimento do universo, chama-se tempo cósmico.

O tempo é sempre neutro. De acordo com o uso que dele fazemos, passa a ter um sentido e um significado para nós. São as datas importantes, por exemplo. Tudo acontece no tempo e nada se faz fora dele.

Então podemos dizer que o homem está dominado pelo tempo? Do ponto de vista natural, o tempo domina o homem. Isso está enfaticamente expresso na mitologia grega através da descrição do deus Kronós, considerado o mais terrível de todos os deuses.

Kronós era o filho de uma ierogomia entre Gaia (deusa terra) e Eros (deus do amor). Era o sexto filho e o mais terrível de todos. Kronós era representado por quatro asas: duas abertas para voar (o tempo voa) e duas asas recolhidas (representam a imobilidade; o tempo parece ser sempre o mesmo; não passar). Tinha quatro olhos na parte anterior da cabeça (esperança e futuro) e dois olhos no pescoço (olhos da lembrança que passou). Dois dos quatro olhos estão fechados (indicam o descanso paciente; o tempo não tem pressa). Tinha ainda duas asas na cabeça (sinal das paixões humanas).

---

[2] MARTÍN, J. L. Tempo sagrado, tempo litúrgico e mistério de Cristo, p. 32. In: Borobio, D. (Org). **A celebração na Igreja**: 3 – Ritmos e tempos da Celebração. São Paulo: Edições Loyola, 2000.

A descrição demonstra que o tempo, dada a sua ação implacável sobre o homem, não tem um sentido específico e, por esse motivo, era deificado; tornou-se mito (deus). É uma entidade contra a qual não se pode agir, apenas aplacar. Isso era feito pelas festas estacionais: plantio, colheita, chuvas e neve.

Outra característica do tempo (Kronós) é sua constante ameaça de sempre voltar a fazer a mesma coisa. É uma concepção do tempo: ano após ano repete o mesmo ritmo e nos envelhece. A busca da eterna juventude, por exemplo, é uma demonstração da frustração da luta contra o tempo, ou seja, nós somos dominados por ele.

Nesse sentido, a história do mundo e da humanidade é vazia. É uma história sem esperança porque caminha para o nada, apenas nos faz participantes de um repetir-se contínuo. É frustrante!

Evidentemente que essa não é a visão cristã do tempo. Para nós, o tempo apresenta outra característica e outro sentido. A visão cristã não se conforma com a visão mítica do tempo. **O tempo é para ser santificado e, concomitantemente, é a duração na qual o homem e a mulher podem se santificar.**

Isso traz duas implicações:

A santidade acontece quando entramos em contato com Deus. Se o tempo é "momento" para santificar-se, Deus age no tempo. Isso quer dizer que o tempo, para nós, é kronológico, mas também kairótico – um tempo oportuno para a salvação, tempo para encontrar-se com Deus.

O tempo é um "momento" precioso, algo qualificado porque cada dia é um instante revelador do projeto divino e, da mesma forma, cada dia é uma oportunidade para crescer nesse projeto.

O tempo é o hoje de Deus. O ontem é a memória de um tempo no qual Deus agiu em seu favor, o homem é o momento oportuno (kairótico) para que Deus possa agir. E o amanhã é o ponto de chegada, o momento do encontro escatológico, quando o tempo não mais existirá, "no dia em que ele ressuscitar dos mortos, tornando o nosso pobre corpo semelhante ao seu corpo glorioso"[3].

---

[3] Oração Eucarística III, p. 4. **Ordinário da Missa com o povo**. CNBB – setor família. 31ª edição. Petrópolis: Vozes, 2015.

2ª Palestra:

O Mistério da Fé!

Desde a criação do mundo e do pecado do homem, Deus propõe um Projeto de Salvação e o revela à humanidade. Propõe um caminho de arrependimento, reconhecimento, conversão e aliança.

Nessa trajetória, com o chamado de Abraão, Deus elege um povo como sinal de seu amor, mostrando sua paciência e fidelidade para com a humanidade que constantemente lhe volta as costas.

Abraão era jovem quando Deus o escolheu para formar um povo, uma nova raça: "E, conduzindo-o para fora, disse-lhe: 'Olha para o céu e conta as estrelas, se fores capaz!'. E acrescentou: 'Assim será tua descendência'" (Gn 15,5). Deus começava a colocar em prática seu plano para salvar a humanidade da morte do pecado. Deus começava a se revelar ao homem, a prepará-lo para o dia em que definitivamente salvaria a todos.

Abraão teve fé e acreditou na promessa de Deus, pondo-se a caminhar até a terra para onde Ele o conduziu. O tempo foi passando, Abraão e sua esposa Sara foram envelhecendo, perdendo a esperança de terem descendentes. Deus, então, fala a Abrão que a promessa se cumprirá e, em um ano, Sara conceberá e dará à luz um menino a quem chamará Isaac. Abraão e Sara já não acreditavam que isso seria possível.

Um ano depois, a promessa se cumpre. Isaac nasce!

Depois de alguns anos, Deus fala novamente a Abraão, desta vez para pô-lo à prova: pede que sacrifique Isaac por amor a Ele. Abraão põe-se a caminho e, no alto do monte, prepara o holocausto, que significa "queimar por inteiro". Além de matar, ateava-se fogo para a oferenda subir até Deus. Abraão amarrou o filho e, ao levantar a faca, apareceu o anjo do Senhor a lhe dizer para não fazer aquilo, pois Deus sabia que O amava a ponto de sacrificar Isaac, a pessoa a quem mais amava.

Podemos nos questionar se teríamos coragem de renunciar algo que amamos muito por causa de Deus. Alguns estudiosos dizem que Abraão na verdade tinha escutado a voz de sua própria consciência, não a voz de Deus, pedindo que sacrificasse Isaac, pois ele havia desacreditado que Deus poderia lhe dar um filho, mesmo na velhice. No entanto, Deus mostra a Abraão que Ele é o Deus do impossível, onde não há vida pode fazê-la nascer. Deus não quer o mal e a morte de ninguém, por isso intervém e resgata Isaac da morte.

Com a intervenção de Deus, através do anjo, surge o resgate. É Deus quem resgata Isaac e providencia um cordeiro para que fosse sacrificado em seu lugar. Deus permitiu que Abraão seguisse até levantar a faca para poder curá-lo, para que a culpa de não ter acreditado não mais o perseguisse.

Isaac era o primeiro filho de Abraão e Sara, por isso um costume se formou na época. Sempre que um primogênito do sexo masculino nascesse, o casal deveria oferecer um holocausto a Deus: uma oferenda consagrando o filho. Esse costume se perpetuou por séculos. José e Maria ofereceram dois pombos no Templo quando apresentaram Jesus, que era o primeiro filho e do sexo masculino.

Hoje esse costume não existe mais, e podemos perguntar: por quê?

A resposta nos vem quando olhamos a cruz, enxergamos Jesus Crucificado e entendemos que Ele é o cumprimento do projeto começado por Deus em Abraão para salvar toda a humanidade. Para *resgatar* a humanidade da morte do pecado, Deus sacrificou seu Filho em nosso lugar. Cristo se torna o cordeiro que tira o pecado do mundo. Assim como fez com Isaac, Deus providencia o próprio Filho para nos salvar.

Por isso, na santa missa o padre diz: "Eis o Cordeiro de Deus que tira o pecado do mundo" (Jo 1,29). Celebrar a Eucaristia é celebrar a encarnação, morte e ressurreição de Jesus. É fazer memória de todo o projeto que Deus tem para salvar o homem. Em Jesus, manifesta-se plenamente ao homem como um Deus misericordioso, que sacrifica o próprio Filho por amor a nós.

Assim como Abraão experimentou o poder e a bondade de Deus, o povo hebreu experimenta Deus e sua misericórdia em diversos momentos de sua história, especialmente quando se vê livre da escravidão no Egito. Deus, que escuta o clamor do seu povo, vê o seu sofrimento e se compadece, faz sair e atravessar a pé enxuto o mar, conduzindo a passagem da escravidão para a libertação. Esse momento, tão importante e significativo na vida e na história de um povo, não pode ser esquecido. É necessário fazer memória, não no sentido apenas de lembrar, mas de atualizar. Esse evento, portanto, é vivido e atualizado a cada ano, em um conjunto de ações, palavras e gestos: a páscoa judaica!

Jesus era judeu, celebrava anualmente este acontecimento da libertação do povo de Israel da escravidão do Egito. Porém, em sua última ceia Pascal, ao celebrá-la com os discípulos, Jesus dá um novo sentido ao rito, torna-o uma prefiguração da nova libertação, da nova e eterna aliança: Paixão, Morte e Ressurreição. Nos ritos judaicos experimenta-se a presença do mistério pascal de Cristo! Agora não mais a passagem do mar para libertar da escravidão do Egito, mas a passagem (Páscoa) da morte para a vida que liberta da escravidão do pecado.

Esse evento tão importante, que só foi entendido pelos discípulos após a ressurreição do Senhor, não podia ser esquecido, pois o próprio Cristo deixou seu mandato: "Fazei isto em memória de mim"(Lc 22,19). Para entender é preciso voltar ao que Jesus disse, fez e mandou fazer: "Mandou que se faça a mesma coisa que fez naquela ceia derradeira"[4].

\# Tomou o pão/vinho (Preparação das Oferendas).

\# Deu graças (Prece Eucarística).

\# Partiu e Repartiu (Rito da Comunhão).

Podemos perguntar nesse sentido: que mistério da fé é proclamado a cada celebração da Eucaristia? Essa pergunta pode facilmente ser respondida na aclamação memorial reintroduzida pelo Concílio Ecumênico Vaticano II, cuja origem se encontra em 1Cor 11,26: "Anunciamos, Senhor, a vossa morte! Proclamamos a vossa ressurreição! Vinde, Senhor Jesus!".

O mistério da fé não se limita a acreditar que Jesus está presente nas espécies Eucarísticas, é muito mais que isso; é ter a certeza de que Deus enviou seu Filho ao mundo, que encarnou no seio de uma mulher, fez-se homem, morreu e ressuscitou para nos salvar, e voltará em sua glória. Celebrar a Eucaristia não é recordar a última ceia, é estar hoje aos pés da cruz e no jardim da ressurreição. É fazer memória, atualizar o único e eterno sacrifício.

"Eis o mistério da fé" é celebrar a Páscoa do Senhor!

---

[4] **Missal Romano**. Oração Eucarística V. São Paulo: Paulus, 1992, p. 495.

DINÂMICA DE GRUPOS

Após a 2ª Palestra, os jovens e as famílias deverão ser divididos em duas equipes: catequizandos e familiares. Cada equipe deverá ter no máximo dez pessoas e mediadores, que podem ser membros do Grupo de Jovens para os catequizandos e membros da Pastoral Familiar para as famílias (na impossibilidade, os próprios catequistas poderão assumir essa função). Os mediadores irão propor algumas perguntas para serem respondidas pelos participantes. Cada equipe anotará as respostas em um cartaz para depois serem partilhadas por um representante escolhido.

As perguntas propostas deverão ser provocadoras e coerentes com a nova etapa que estão assumindo. Por exemplo:

Aos catequizandos pode-se perguntar:

※ Por que decidiram fazer a Catequese Crismal?

※ O que é o sacramento do Crisma e qual sua importância em suas vidas de cristãos?

Aos familiares pode-se perguntar:

※ Por que incentivaram seus filhos a participarem da Catequese Crismal?

※ Qual o papel dos pais e responsáveis durante o processo catequético?

Painel de apresentação catequizandos/famílias – As equipes apresentarão suas respostas e reflexões, a começar pelos catequizandos. Poderá ser feito um "varal" com barbante ou corda usando prendedores para pendurar os cartazes no decorrer das exposições dos grupos.

Lembrando que não é momento para julgamento, apenas para conhecer a realidade de cada equipe, o que pensam e quais são suas motivações para estarem na Catequese Crismal ou enviar os filhos à mesma.

Almoço – Terminada a apresentação dos grupos, todos serão convidados a partilharem do almoço. É importante não esquecer de rezar agradecendo o dom do alimento.

Entretenimento/Animação – Tendo em vista a sensação de sono depois da refeição, é importante ter um grupo que anime e motive os participantes para as atividades da tarde.

Divisão catequizandos/famílias – As atividades que seguem terão conteúdos próprios para cada público (catequizandos/famílias), que deverá ser conduzido a ambientes diferentes.

ATIVIDADE COM OS JOVENS

Palestra: Levando em consideração a realidade apresentada pelos grupos, o ideal é que se convide um jovem para apresentar a verdadeira motivação que o catequizando deve trazer em seu coração ao participar dos encontros em preparação ao sacramento do Crisma, esclarecendo qual é o papel e a missão do crismando. De uma maneira descontraída e com linguagem própria, despertar nos catequizandos a responsabilidade de cada um na missão evangelizadora da Igreja. Se a paróquia tiver Grupos de Jovens, esse momento poderá ficar sob sua responsabilidade.

Compromisso: Os jovens deverão ser motivados a um momento de reflexão e, em seguida, a escreverem em um cartão os compromissos que cada um firmará diante de Deus e da comunidade (Igreja) enquanto catequizando (batizado) e futuro crismado. Orientar que esse cartão deverá ser depositado aos pés de Jesus Sacramentado no momento da oração de encerramento do encontro. É um compromisso firmado entre eles e Deus.

Apresentação da Catequese Crismal: Em um breve momento, os catequistas que assumirão as turmas de primeira etapa da crisma poderão se apresentar e fazer uma breve explanação de como serão os encontros: dia, hora e local; o que levar; momentos de recesso e compromissos que deverão assumir.

ATIVIDADE COM AS FAMÍLIAS

Palestra: Levando em consideração a realidade apresentada pelos grupos, o ideal é que se convide um casal ou membro da Pastoral Familiar (na sua ausência, o próprio catequista/padre) para apresentar a verdadeira motivação que os pais ou responsáveis deverão trazer em seus corações ao enviar seus filhos para participarem dos encontros em preparação ao sacramento do Crisma, esclarecendo a contribuição da catequese no desenvolvimento do catequizando, assim como qual é o papel e a missão da família, tendo como exemplo a Sagrada Família. De uma maneira descontraída e com linguagem própria, despertar nos pais e responsáveis e seu papel de batizados na missão de transmitir a fé e catequizar os filhos.

Compromisso: Os pais e responsáveis deverão ser levados a um momento de reflexão e, em seguida, a escreverem em um cartão os compromissos que assumirão diante de Deus e da comunidade (Igreja) na missão de transmitir a fé. Orientar que esse cartão deverá ser depositado aos pés de Jesus Sacramentado no momento da oração de encerramento do encontro. É um compromisso firmado entre eles e Deus.

Apresentação da Catequese Crismal: Por um breve momento um catequista poderá explicar como será a Catequese Crismal, podendo já distribuir um planejamento contendo as datas das reuniões em que os pais e responsáveis deverão estar presentes.

Insígnia: Buscando estreitar os laços parentais, sugerimos que seja distribuído aos pais e responsáveis um escapulário (ou uma medalha/insígnia a critério de cada paróquia) para que coloquem em seus filhos após a oração de encerramento.

Celebração de encerramento: Propomos um momento de adoração ao Santíssimo Sacramento, que deverá ser preparado com muito carinho e zelo. A equipe de liturgia paroquial poderá ficar responsável por esse momento. Não esquecer que deverão ocorrer a leitura e pequena reflexão de um texto bíblico, um momento de silêncio para adoração e oração pessoal, um momento para depositar aos pés do Santíssimo o compromisso que catequizandos e famílias escreveram e, após a Benção do Santíssimo, a colocação do escapulário nos filhos ou a entrega de uma insígnia.

1º Encontro

O tempo de Deus

Palavra inicial: O objetivo do encontro é levar o catequizando a refletir sobre o seu dia a dia, o que tem feito e como tem gasto o seu tempo... A partir dessa reflexão, quer-se promover o entendimento de que o tempo é algo precioso e valorizado por Deus, mas desperdiçado pelo homem por não o entender. Ainda, incentivar a avaliar quais as suas prioridades e quanto tempo os catequizandos têm gasto com cada coisa. Enfatizar que é preciso um equilíbrio entre estudo, trabalho, lazer e oração (a vida de fé), questionando quanto tempo eles têm dedicado a Deus.

Preparar o ambiente: Ambão com toalha roxa (Tempo da Quaresma), vela e Bíblia. Para a dinâmica serão necessários uma ampulheta (pode também construí-la com garrafas PET), folhas com um círculo desenhado e tarjas de papel com a frase "O que você tem feito do seu tempo? ", para todos. Providenciar para cada catequizando acesso ao texto "O Valor de um Tempo", indicado no material de apoio.

Acolhida: O catequista acolhe os catequizandos saudando-os com o dizer "bem-vindo, ...N..." e entregando-lhes uma tarja de papel com a frase "o que você tem feito do seu tempo?". Então os conduz para dentro da sala pedindo que se assentem nas cadeiras ao redor da mesa.

Recordação da vida: O catequista convida os catequizandos a ficarem de pé ao redor da mesa da Palavra para o momento de recordação da vida e oração inicial.

Motivar a recordar fatos importantes da vida pessoal e da comunidade, lembrando também do Retiro Espiritual. Peça que considerem especialmente o tema e as mensagens que tiveram significado para cada um.

NA MESA DA PALAVRA

Oração inicial: O catequista prossegue com a oração inicial, como na sugestão, pedindo a proteção de Deus a todos esses jovens, para que possam estar sempre unidos ao Pai e protegidos por Ele. Em seguida conclui invocando o Espírito Santo, rezando ou cantando.

Catequista: *Senhor, aqui estamos reunidos em seu Nome. Eu e esses jovens que vêm hoje à sua presença para conhecê-Lo melhor. O Senhor já conhece cada um e sabe os seus anseios e o que precisam. Auxilia-os, Pai, concedendo a sua proteção, e conserve-os sempre junto ao Senhor, atendendo suas necessidades e amparando-os em todas as dificuldades que vierem a enfrentar.*

O catequista dirige-se até o ambão, onde proclama o texto bíblico indicado. Depois de um período de silêncio, lê o texto novamente, desta vez pausadamente e destacando alguns pontos. Nos demais encontros a leitura poderá ser realizada por um catequizando previamente escolhido.

Leitura do texto bíblico: Eclesiastes 3,1-8.

> *Debaixo do céu há momento para tudo, e tempo certo para cada coisa: Tempo para nascer e tempo para morrer. [...] Tempo para chorar e tempo para rir. Tempo para gemer e tempo para bailar.*

O catequista convida a todos a sentarem ao redor da Mesa da Partilha.

NA MESA DA PARTILHA

Pedir aos catequizandos para que reconstruam o texto bíblico. Deixar que falem. Depois, convidá-los a uma leitura silenciosa do texto bíblico, observando algum detalhe não comentado na reconstrução e interpretação do texto. Se houver algo, todos podem partilhar.

O catequista desenvolve o tema explorando o tempo na vida das pessoas: seu uso adequado e inadequado, a influência da ansiedade que impede as pessoas de realizar as coisas no tempo certo, as motivações proporcionadas pela tecnologia da informação que transmitem a ideia de que é preciso estar sempre correndo contra o tempo... e outras questões próprias da realidade dos catequizandos. Na sequência motiva-os a refletir, em silêncio, como utilizam o seu tempo. Depois propõe uma dinâmica.

DINÂMICA

Entregar uma folha com o desenho de um círculo para que cada catequizando o divida em fatias, retratando como está dividido o seu tempo no período de uma semana. Quanto tempo gastam para cada tarefa (estudo, lazer, descanso...). Enquanto realizam a atividade pode-se colocar uma música de fundo. Pode-se solicitar para que, após completarem a atividade do tempo em seus Diários, comparem com esses registros.

Quando todos terminarem, motivá-los a observar se há um equilíbrio com as atividades da semana, se há atividades para as quais se dedicam mais do que outras. Pedir para que partilhem a experiência, analisando se já tinham percebido como e com o que "gastam" o seu tempo. Depois pedir para que observem se todos colocaram no gráfico um tempo de oração, de leitura e reflexão diária do texto bíblico.

Refletir com o grupo como está o tempo dos nossos jovens. Um dia com 24 horas está sendo suficiente? Quais as prioridades? Há um planejamento? O que verdadeiramente importa?

Cada momento gasto não retorna mais. Dizer que é preciso um planejamento e equilíbrio para que o tempo seja bem aproveitado, e que na vida de um cristão é necessário sempre ter um momento de oração pessoal e dedicação à comunidade (Igreja).

O catequista poderá pegar a ampulheta e, virando-a, pedir aos catequizandos para que observem a areia caindo, dizendo que o tempo passa e não volta... Então poderá providenciar o acesso e refletir o texto "O Valor de um Tempo" indicado no material de apoio.

Os catequizandos poderão partilhar o que acharam do texto e se o encontro os ajudou a pensar como gastam o seu tempo, esse presente precioso que nos foi dado por Deus e não voltará jamais.

Conclusão: O catequista conclui o encontro pedindo para que os catequizandos façam uma reflexão realizando as atividades propostas no Diário Catequético e Espiritual. Explique que eles serão convidados, no Diário, a analisar se o encontro ajudou-os a perceber o uso de seu tempo e qual mensagem extraem dessas reflexões para as suas vidas. Pedir para que escrevam e tragam o Diário no próximo encontro para partilhar suas reflexões.

Oração final: Convidar os catequizandos a ficarem em pé ao redor da Mesa da Palavra para a oração final, motivando-os a formularem louvores e preces. Em seguida, concluir com o Pai-nosso e com a oração:

> Ó Deus, somos agradecidos pelo tempo precioso que nos destes a cada dia, fazei que o desfrutemos com responsabilidade e sabedoria. E que nunca nos esqueçamos de nos colocarmos em sua presença. Por Cristo, nosso Senhor. Amém.

Após a oração, o catequista impõe as mãos sobre a cabeça de cada catequizando e traça o sinal da cruz em sua fronte, dizendo: "vai em paz, ...N..., filho amado do Pai".

Material de apoio

No site YouTube você encontrará **vídeos que narram o texto** "O Valor do Tempo", que poderá ser exibido por multimídia ou, ainda, compartilhado através dos aplicativos de conversa instantânea.

{ Disponível em: <https://www.youtube.com/watch?v=9tadrj8q-WQ>. }

O catequista poderá sugerir que os catequizandos recriem o texto destacando o valor de um ano, de uma hora e de minutos diante das diversas circunstâncias de suas vidas. A atividade poderá ser realizada no espaço complementar do Diário.

RESUMO

O texto aborda o tempo como se fosse uma conta de banco que é zerada no final do dia e, no dia seguinte, volta a ter o mesmo saldo. O tempo é tratado como presente de Deus doado para ser vivido da melhor maneira possível: amando, aprendendo, ensinando... O texto procura explorar o valor do tempo às pessoas em diferentes situações, como para atletas, namorados, amigos, pais ou editores de jornal para quem, às vezes, um segundo é a decisão de uma vida. A mensagem foca em mostrar o tempo presente como dádiva e dom de Deus.

2º Encontro

A fé: o que é?

Palavra inicial: Neste encontro queremos levar os catequizandos a questionarem o que é a fé e como eles a tem vivido, explorando como a experimentam no seu dia a dia e refletindo como anda a vida de oração de cada um.

Preparando o ambiente: Ambão com toalha de acordo com o tempo litúrgico, vela e flores. Tecido azul na frente do ambão e folhas de papel para a confecção de barquinhos em dobradura, o suficiente para todos.

Acolhida: O catequista acolhe os catequizandos saudando-os com o dizer "não tenhas medo, ...N..., Jesus está contigo!", então os conduz para a sala de encontro. Quando já estiverem na sala, saúda a todos mais uma vez, desejando-lhes boas-vindas.

Recordação da vida: Ao redor da Mesa da Partilha ou da Palavra, fazer uma retrospectiva da semana perguntando sobre o encontro anterior. Questioná-los como foi a reflexão sobre o tempo que dedicam às atividades ao longo do dia e o que registraram no Diário como prioridade para as suas vidas. Dar espaço para a partilha dos registros e do planejamento sobre o uso do tempo, comparando o que realizaram no encontro anterior e em casa. Logo após, iniciar a oração louvando e agradecendo por tudo o que foi partilhado.

NA MESA DA PALAVRA

Oração inicial: Conduzir a oração, convidando todos a traçarem o sinal da cruz e a invocarem o Espírito Santo rezando ou cantando.

Em seguida, convidar a todos para cantarem, aclamando o santo Evangelho, enquanto um catequizando dirige-se até o ambão para proclamá-lo.

Leitura do texto bíblico: Mc 4,34-40.

Depois de um momento de silêncio, o catequista lê o texto novamente, bem devagar, destacando alguns pontos.

> *Nisto levantou-se uma grande tempestade que lançava as ondas dentro do barco [...] Jesus acordou, repreendeu o vento e disse ao mar: "Silêncio!" [...] E Jesus disse aos discípulos: "Por que estais com tanto medo? Ainda não tendes fé?"*

O catequista convida a todos a sentarem ao redor da Mesa da Partilha.

NA MESA DA PARTILHA

Reconstruir com os catequizandos o texto bíblico. Depois convidar a uma leitura silenciosa, observando se há algum detalhe que não tenha sido comentado na reconstrução do texto e que possa ser partilhado.

Conversar com os catequizandos sobre: *o que é a fé?* Depois que todos partilharem, refletir o texto do Evangelho destacando:

- **O barco** representa a Igreja enviada ao mundo repleto de dificuldades, problemas e desafios. Enquanto Igreja, somos chamados a avançar pelas águas testemunhando o amor e a nossa fé em Jesus Cristo.

- **A tempestade** representa todas as coisas más: a divisão, o egoísmo, a falta de caridade e amor, que infelizmente adentram nossas comunidades, famílias e instituições.

- Diante disso, achamos que Jesus dorme, que Ele não se importa ou se esqueceu de nós... Porém Jesus está ali, ao nosso lado, nos questionando sobre a nossa fé.

- Jesus, sem dúvida, é o único que pode acalmar e fazer silenciar nossas "tempestades"; basta termos fé e gritarmos o seu Nome.

- Ter fé e acreditar em Jesus, no entanto, não significa uma vida mansa e calma, com ausência de problemas e conflitos. Jesus sabia que nossa caminhada de fé não seria fácil e disse a todos que quisessem segui-Lo para assumirem a cruz de cada dia (Mt 16,24).

- A fé é acreditar no impossível, naquilo que não se vê, não se explica... É ter a certeza de que, no seu tempo, Deus agirá onde não tem solução. E muito mais que isso, é ter a firme convicção de que Deus tem um plano de amor e salvação para todos nós, revelado e cumprido por Jesus. A nossa fé é o combustível que nos faz mover até o céu, ao encontro do próximo.

— DINÂMICA —

Distribuir a folha de papel para cada catequizando, solicitando e orientando que façam juntos barquinhos de dobradura. No final, convidar a escreverem no barco por quais tempestades já passaram ou estão passando.

Conclusão: Tendo em vista o que escreveram no barco, indagá-los: O que fazem nos momentos de dificuldade? Como têm vivido e testemunhado a fé no seu dia a dia?

O catequista poderá pedir para citarem exemplos de personagens bíblicos e de pessoas que conheçam que superaram grandes momentos de dificuldade através da fé em Jesus. Se não tiverem sido citados, o catequista poderá lembrá-los do testemunho de: Moisés, a quem, por confiar em Deus diante da perseguição do exército egípcio, o mar se abriu; Noé que, por acreditar e construir a Arca, sobreviveu à grande inundação; Davi que venceu o gigante Golias. A fé é a resposta de homens e mulheres que confiam e acreditam que, diante do impossível, Deus realiza a sua obra.

Ainda, o catequista pode aproveitar as atividades do Diário para complementar o encontro.

Oração final: O catequista convida os catequizandos a ficarem em pé ao redor da Mesa da Palavra e a colocarem seus barquinhos com seus nomes no tecido azul, de frente ao ambão, de onde farão preces para que a fé por eles herdada seja fortalecida e os mantenha em unidade com os cristãos. Depois, rezando o Pai-nosso, conclui com a oração:

> *Deus Pai amado, que conhece o coração de cada um de nós, ajude-nos a viver como irmãos e irmãs sem medo das tempestades que nos afligem. Que possamos assumir sem medo nosso compromisso batismal de anunciá-Lo a todos os povos. Fortalece-nos, Senhor, para sermos autênticos discípulos missionários. Por Cristo, nosso Senhor. Amém.*

Após a oração, o catequista impõe as mãos sobre a cabeça de cada catequizando e traça o sinal da cruz em sua fronte, dizendo: "...N..., anunciai o Evangelho, vai em paz e que o Senhor te acompanhe! Amém".

Todos poderão levar seus barquinhos e colá-los no Diário no espaço complementar.

Material de apoio

Acaso necessite, facilmente poderá encontrar na Internet modelos de como fazer um barco de dobradura.

3º Encontro — A Igreja, transmissora da fé

Palavra inicial: Neste encontro queremos refletir que a fé, dom de Deus, é transmitida pela Igreja. A Igreja é a guardiã e depositária da fé. Essa que não pode ser vivida sozinha, pois somos sustentados e carregados pela fé da comunidade, formando uma grande corrente de batizados.

Preparando o ambiente: Ambão com toalha da cor do tempo litúrgico, vela e flores. Providenciar também tiras de papel e cola.

Acolhida: O catequista acolhe os catequizandos saudando-os com a frase "somos sustentados pela fé da comunidade, ...N..., seja bem-vindo!", então os conduz para dentro da sala. Quando já estiverem na sala, saúda a todos mais uma vez, desejando-lhes boas-vindas.

Recordação da vida: Ao redor da Mesa da Partilha ou da Palavra, o catequista convida-os a fazer uma retrospectiva da semana e do encontro anterior, explorando o compromisso e os registros do Diário. Poderão destacar, ainda, os acontecimentos importantes que possam ter ocorrido na vida da comunidade.

NA MESA DA PALAVRA

Oração inicial: O catequista motiva a oração valorizando tudo o que foi expresso na recordação da vida. Convida-os a, juntos, invocarem o Espírito Santo.

O catequista orienta um catequizando para proclamar o texto bíblico indicado.

Leitura do texto bíblico: At 8,26-40.

Após alguns minutos de silêncio, o catequista lê o texto novamente, pausadamente, destacando alguns pontos.

> 'Será que estás entendendo o que lês?' Ele respondeu: 'Como é que vou entender se ninguém me orienta?' [...] Filipe pôs-se a falar e, começando com esta passagem da escritura, anunciou-lhe a boa-nova de Jesus...

O catequista convida a todos a sentarem ao redor da Mesa da Partilha.

NA MESA DA PARTILHA

Convidar os catequizandos a realizarem uma leitura silenciosa do texto bíblico proclamado. Depois, perguntar a importância e o papel que Filipe teve na vida daquele homem etíope. Após ouvir alguns catequizandos, prosseguir com a reflexão comentando:

- Desde a criação do mundo, Deus se revelou à humanidade e, através dos tempos, manifestou seu amor a ponto de entregar o seu próprio Filho por nós.

- A fé da humanidade neste Deus onipotente sobreviveu através dos séculos e foi passada de geração para geração. Com a vinda de Cristo e o nascimento do cristianismo, a Igreja se inicia com os primeiros discípulos que assumem com fidelidade e sem medo o mandato de Jesus: "Ide e anunciai o Evangelho a toda Criatura" (Mc 16,15).

  » O Evangelho que hoje estamos refletindo mostra o importante papel de Filipe, um dos discípulos nesta missão. O etíope necessitava de alguém para ajudá-lo a entender, interpretar e compreender as Sagradas Escrituras, precisava de alguém que lhe anunciasse Jesus Cristo. Os ensinamentos de Filipe, a convicta autoridade com que falava de Jesus e o seu testemunho foram tão profundos que fizeram com que aquele homem pedisse o Batismo ao se aproximarem da água.

- A fé transmitida não pertence particularmente a nenhuma pessoa ou discípulo. É dom de Deus, nos foi dado por Ele. Sendo assim, o que anunciamos não são nossas crenças, ideias ou pensamentos pessoais. Podemos muitas vezes até discordar de algo que nossa Igreja apresenta, mas ao falarmos em nome dela devemos deixar nossas convicções pessoais de lado e anunciar o que a Igreja nos ensina. O bonito de nossa fé e da nossa Igreja está no fato de sermos pessoas diferentes em nossa maneira de ser e pensar, mas capazes de respeitar as nossas diferenças para colocarmos aquilo que nos une acima de tudo: JESUS CRISTO.

- A Igreja, portanto, formada por todos os batizados, torna-se a detentora, a defensora e guardiã da fé. Ela diz os caminhos que devemos seguir para que a fé não se perca com nosso egoísmo e não seja instrumentalizada pelas nossas "vontades". O Papa, os Bispos, Padres, Religiosos, Teólogos e muitos leigos e leigas estudiosos e estudiosas mantêm um íntimo relacionamento com as Sagradas Escrituras e a Sagrada Tradição para que a fé não se perca ou se desvie dos mandamentos do Senhor.

- Mais que discursos teóricos, a fé é mantida pelo testemunho e pela fidelidade de cada pessoa que testemunha as maravilhas que Deus realiza em sua vida. A fé, portanto, é mantida pelos inúmeros testemunhos das comunidades espalhadas pelo mundo afora. Quantas histórias lindíssimas já ouvimos!

- Às vezes reclamamos de alguma coisa ou nos desanimamos... Mas quando nos colocamos em contato com a comunidade, com os irmãos e irmãs, nos fortalecemos pela oração e na partilha da vida de fé. Todos nós, cristãos, com certeza já fizemos a experiência de visitar alguém enfermo e sair com a sensação de ter sido contagiado pela fé daquele que sofre. Nessas situações, ao invés de consolar, fomos consolados. Nós, cristãos, somos convidados constantemente, independentemente da situação que estivermos passando, a demonstrar e a testemunhar nossa fé.

- Nos diz o Catecismo da Igreja Católica (167):

> A fé é um ato pessoal: a **resposta livre do homem** à iniciativa de Deus que se revela. Ela não é, porém, um ato isolado. Ninguém pode crer sozinho, assim como ninguém pode viver sozinho. Ninguém deu a fé a si mesmo, assim como ninguém deu a vida a si mesmo. O crente recebeu a fé de outros, deve transmiti-la a outros. Nosso amor por Jesus e pelos homens nos impulsiona a falar a outros de nossa fé. Cada crente é como um elo na grande corrente dos crentes. Não posso crer sem ser carregado pela fé dos outros, e pela minha fé contribuo para carregar a fé dos outros. 'Eu creio': esta é a fé da Igreja, professada pessoalmente por todo crente, principalmente pelo batismo. 'Nós cremos': esta é a fé da Igreja confessada pelos bispos reunidos em Concílio ou, mais comumente, pela assembleia litúrgica dos crentes. 'Eu creio' é também a Igreja, nossa Mãe, que responde a Deus com sua fé e que nos ensina a dizer: 'eu creio', 'nós cremos'.

Formamos, portanto, a grande corrente dos crentes... Unidos uns aos outros, nos fortalecemos e perseveramos na fé, dom de Deus e que da Igreja recebemos.

DINÂMICA

O catequista poderá perguntar aos catequizandos se conhecem alguma história de superação fundamentada na vida de fé ou algum fato que viram/ouviram e que tenha lhes comovido, levando-os a cuidarem e valorizarem mais a vida.

Depois de partilharem, poderá propor uma corrente com o nome de cada um e com as histórias de fé, esperança e superação que motivam suas vidas. Para isso, é preciso distribuir as tiras de papel e pedir para cada catequizando escrever o seu nome e descrever, resumidamente, algum testemunho de fé e superação dentre aqueles apresentados. Depois, unir essas tiras com cola ou fita adesiva formando uma grande corrente.

Sugere-se explorar os fatos e testemunhos de fé descritos na corrente, motivando os catequizandos a perceberem os "frutos" da fé e a se verem como discípulos de Jesus e membros da Igreja.

Conclusão: O catequista conclui que a Igreja só se mantém graças ao Espírito Santo que age na vida de cada um de nós, fortalecendo-nos e impulsionando a testemunhar sem medo a nossa fé, que não pode ser vivida sozinha, mesmo sendo algo pessoal. Portanto, não basta rezar em casa... É necessário algo além disso: a convivência e partilha com irmãos e irmãs.

Oração final: O catequista convida os catequizandos a ficarem em pé ao redor da Mesa da Palavra e os incentiva a formularem orações e preces. Conclui rezando o Pai-nosso e fazendo a oração:

> *Pai de amor, que pelo Batismo nos torna irmãos e irmãs, pedimos que verdadeiramente possamos ser um só corpo, colocando nossos dons a serviço da comunidade, fortalecendo-nos mutuamente e formando a grande corrente dos crentes. Por Cristo, nosso Senhor. Amém.*

Após a oração, o catequista impõe as mãos sobre a cabeça de cada catequizando e traça o sinal da cruz em sua fronte, dizendo: "...N..., testemunhai a fé com vossa vida, vai em paz e que o Senhor te acompanhe!".

Material de apoio

Aprofundar o tema nos parágrafos 26 a 141 do Catecismo da Igreja Católica.

Ler o Motu Proprio "Porta Fidei" (A porta da fé), com o qual o Papa Bento XVI convocou o Ano da Fé (realizado entre outubro de 2012 e novembro de 2013).

Se a realidade permitir, sugere-se que o catequista organize um estudo com os catequizandos sobre esse texto.

Da Igreja recebi e como Igreja devo transmitir

Palavra inicial: Continuar a refletir que a fé, recebida gratuitamente como dom de Deus, não pode ser guardada somente para nós, precisa ser transmitida. Como Igreja, todos somos responsáveis por transmitir a fé. Os catequizandos, como membros da Igreja, também são responsáveis em dar seu testemunho para que isso aconteça.

Preparando o ambiente: Ambão com toalha da cor do tempo litúrgico, vela e flores.

Acolhida: O catequista recebe os catequizandos saudando-os com o dizer "somos Igreja ...N...!", então os conduz para dentro da sala. Saúda a todos mais uma vez, desejando-lhes boas-vindas.

Recordação da vida: Ao redor da Mesa da Partilha ou da Palavra, o catequista convida a fazer uma retrospectiva da semana e do encontro anterior, perguntando, de modo especial, como vivenciaram a fé durante os últimos dias. Motivar para que destaquem os acontecimentos importantes que possam ter ocorrido na vida da comunidade. O catequista poderá selecionar algumas questões do encontro anterior para motivá-los a falar sobre o que registraram no Diário e que possa contribuir com o grupo.

NA MESA DA PALAVRA

Oração inicial: Motivar a oração valorizando tudo o que foi mencionado na recordação da vida e para, juntos, invocarem o Espírito Santo.

O catequista orienta um catequizando para se dirigir até o ambão e proclamar o texto bíblico.

Leitura do texto bíblico: Sl 78,1-7.

Após alguns minutos de silêncio, o catequista lê o texto novamente, pausadamente, destacando alguns pontos relacionados ao que se deseja refletir no encontro.

> *O que ouvimos e aprendemos, o que nossos pais nos contaram, não o ocultaremos aos seus descendentes, mas o transmitiremos à geração seguinte [...] para que pusessem em Deus sua confiança e não esquecessem os feitos de Deus, mas guardassem seus mandamentos.*

O catequista convida a todos a sentarem ao redor da Mesa da Partilha.

NA MESA DA PARTILHA

Pedir aos catequizandos para abrirem suas Bíblias no Salmo proclamado e convidar a uma leitura silenciosa. Depois refletir sobre o texto bíblico, destacando:

▶ A fé da humanidade no Deus onipotente sobreviveu através dos séculos e foi passada de geração em geração como nos testemunha o salmista, que convoca o povo a não ocultar as glórias do Senhor e os seus feitos pela humanidade.

▶ O Salmo retrata um costume judaico, no qual ao celebrar a sua Páscoa, a cada ano, o ancião reúne as gerações mais novas e ali conta-lhes toda a obra de salvação operada por Deus. Isto é, os judeus ensinam isso aos seus filhos, e os filhos ensinam isso às gerações seguintes e, assim, a fé no Deus libertador nunca será esquecida nem apagada. A fé será perpetuada.

▶ Os primeiros cristãos herdaram essa tradição judaica de testemunhar e transmitir a fé às futuras gerações. Se a Mãe Igreja ainda hoje anuncia as grandes maravilhas de Deus é porque houve pessoas comprometidas com o Evangelho, que entregaram suas vidas pelo anúncio do Reino. Pessoas que receberam o anúncio, que tiveram fé, que acreditaram e não se cansaram nem desanimaram diante das perseguições e dificuldades.

▶ A Igreja, da qual hoje fazemos parte pelo Batismo, há mais de dois mil anos não se cansa de transmitir a fé de geração em geração. E qual o futuro desse anúncio? Se vivemos a fé hoje é porque alguém a transmitiu. O futuro da Igreja e desse anúncio cabe a cada um de nós. As gerações seguintes só conhecerão a fé se verdadeiramente a viverem como Igreja e se a testemunharem com a própria vida.

GESTO CONCRETO

Diante de tudo o que foi refletido, o catequista poderá comentar aos catequizandos que somos impulsionados a ir ao encontro das pessoas (crianças, idosos, jovens, adolescentes...) que não tiveram a oportunidade de conhecer Jesus Cristo. Explorar se identificam quem são essas pessoas em seus grupos de convivência (família, escola, rua, bairro, prédio...). Depois, pode-se questionar de que maneira é possível apresentar Jesus Cristo durante as próximas semanas. Após ouvir as sugestões, ajudá-los pontuando algumas situações como: abordar pessoas numa praça; fazer um cartaz ou faixa para colocar na frente dos carros enquanto o semáforo estiver fechado, ou mesmo para pendurá-lo em algum lugar; convidar e conduzir a participação em semanas missionárias ou missões populares; realizar *flash mobs*, visitas, comentários nas redes sociais... O importante é fazer com que os catequizandos assumam o compromisso de ser Igreja e, como tal, se sintam responsáveis por transmitir a fé, por anunciar Jesus.

Conclusão: Definir qual será o gesto concreto e como colocá-lo em prática: datas, meios, recursos necessários... Dividir as funções e tarefas.

Oração final: O catequista convida os catequizandos a ficarem em pé ao redor da Mesa da Palavra e encerra com um momento de oração, incentivando-os a formularem pedidos e preces. Concluir com a oração:

> *Querido Pai do céu, hoje aprendemos que, como Igreja, somos responsáveis por transmitir a fé, não deixando que a sua luz se apague. Que possamos ser verdadeiros discípulos missionários do seu Reino, levando a sua Palavra para todas as pessoas. Por Cristo, nosso Senhor. Amém.*

Após a oração, o catequista impõe as mãos sobre a cabeça de cada catequizando e traça o sinal da cruz em sua fronte, dizendo: "...N..., sede discípulo missionário de Jesus Cristo, vá em Paz e que o Senhor te acompanhe!".

História da Salvação: Deus tem um projeto

Palavra inicial: Neste encontro queremos aprofundar a compreensão do grande Projeto de Salvação que Deus tem para o homem, esclarecendo que todo esse projeto e a história salvífica serão vistos no decorrer do ano, nos próximos encontros.

Preparando o ambiente: Ambão com toalha da cor do tempo litúrgico, vela e flores. Cartaz grande com a reprodução da linha do tempo contida no material de apoio.

Acolhida: O catequista acolhe os catequizandos com o dizer "Deus tem um projeto de amor e salvação, ...N...!". Na sala, saúda a todos mais uma vez, desejando-lhes boas-vindas.

Recordação da vida: Após serem acolhidos, ao redor da Mesa da Partilha ou da Palavra, o catequista convida a fazer uma retrospectiva da semana. Depois, poderá perguntar sobre as atividades propostas no Diário: o gesto concreto e as iniciativas que cada um pensou para difundir a fé.

NA MESA DA PALAVRA

Oração inicial: O catequista motiva a oração, invocando o Espírito Santo e concluindo com uma oração espontânea.

Convida a todos a ouvirem atentos a leitura do livro dos Atos dos Apóstolos. Em seguida, um catequizando dirige-se até o ambão e proclama o texto bíblico.

Leitura do texto bíblico: At 13,16-23.

Depois de um período de silêncio, o catequista lê o texto novamente, desta vez pausadamente e destacando alguns pontos.

> *De sua descendência, segundo a promessa, Deus fez sair para Israel um salvador, Jesus.*

O catequista convida a todos a sentarem ao redor da Mesa da Partilha.

NA MESA DA PARTILHA

Reconstruir com os catequizandos o texto bíblico. Depois, pedir para abrir suas Bíblias na passagem proclamada na Mesa da Palavra e convidar a uma leitura silenciosa, observando algum detalhe não comentado na reconstrução do texto. Se houver algo, todos podem partilhar.

O catequista poderá perguntar aos catequizandos se recordam de alguma história ou fato importante narrado pela Bíblia no Antigo Testamento (exemplos: Davi, Sansão e Dalila, Arca de Noé...). Depois de ouvir, o catequista partilha o texto dizendo que o discurso de Paulo faz um resumo de todo o Projeto de Salvação que Deus trilhou para o homem, destacando os principais acontecimentos:

- Desde a criação do mundo e do pecado do homem, Deus propõe um Projeto de Salvação e o revela aos poucos à humanidade. Propõe um caminho de arrependimento, reconhecimento, conversão e aliança.

- Escolheu um homem, Abraão, e a partir dele constituiu um povo eleito. Ao longo dos séculos, Deus se revela à humanidade e se relaciona com ela. Com o passar do tempo, o povo vai compreendendo o projeto de Deus, vai amadurecendo...

- Inúmeros acontecimentos e muitas alianças foram seladas por Deus e seu povo. Pode-se notar isso nas alianças seladas com Abraão, Isaac, Jacó, Moisés... e acontecimentos como os que envolveram o Dilúvio, as Tábuas da Lei, a Arca da Aliança, a terra prometida...

- Surgiram ainda inúmeros reis e profetas, como Salomão, Davi, Isaías, Jeremias, Ezequiel... No tempo oportuno, então, Deus se revelou plenamente ao enviar seu Filho único, Jesus Cristo.

- É uma longa tradição que precisa ser conhecida para entender a fé que hoje professamos. O cristianismo nasce na história, é fruto do Projeto de Salvação que Deus tem para a humanidade.

- É preciso, portanto, compreender o caminho percorrido pelo povo de Israel... Entender como viviam, relacionavam-se com Deus e testemunhavam a fé. Isso é fundamental para interpretar nossa doutrina e história. Nossa fé é judaico-cristã.

O catequista esclarece que, ao longo do ano, em cada encontro, refletirão sobre os fatos mais relevantes da história do povo de Israel, que chegaram até nós pelos relatos bíblicos. Na sequência, a partir dos fatos importantes lembrados pelos catequizandos, poderá apresentar a "linha do tempo" (ver material de apoio) pedindo para que observem a cronologia dos acontecimentos até chegar em Jesus Cristo. Pedir, ainda, que recordem o discurso de Paulo (At 13,16-23) e identifiquem os acontecimentos citados na linha do tempo.

Conclusão: Estimular os catequizandos a partilharem o que mais apresentam curiosidade em saber sobre as histórias bíblicas, os fatos e acontecimentos por ela narrados. Poderá fazer um quadro com todas as dúvidas e curiosidades a fim de buscar respondê-las ao longo dos encontros. À medida que um fato é respondido, o catequista poderá riscar juntamente com os catequizandos seu registro no quadro.

Oração final: Ao redor da Mesa da Palavra, o catequista motiva a oração final na qual poderão ser feitos pedidos e preces por toda a Igreja e pelo crescimento do Reino de Deus. Conclui-se com o Pai-nosso e com a oração:

> *Deus, Pai de bondade, te louvamos e agradecemos por enviar teu Filho ao mundo para anunciar e instaurar teu Reino entre nós. Pedimos que nos fortaleça com o dom do Espírito Santo para que possamos compreender todo o Projeto de Amor e Salvação que tens a cada um de nós. Por nosso Senhor Jesus Cristo. Amém.*

Após a oração, o catequista impõe as mãos sobre a cabeça de cada catequizando e traça o sinal da cruz em sua fronte, dizendo: "...N..., vai em paz e que o Senhor te acompanhe! Amém".

Material de apoio

LINHA DO TEMPO NARRADA PELA SAGRADA ESCRITURA

Primeiras Comunidades

"O Verbo se fez carne e habitou entre nós." (Jo 1,14)

Época Romana

63 a.C.

Império Romano conquista a Palestina.

Reinado

+ - 1030 a.C.

Saul, Davi e Salomão... Com Salomão ocorre uma divisão entre o Reino do Norte (Israel) e o Reino do Sul (Judá). Muitos reis sobem ao trono ao longo dos séculos.

Dos Juízes até o início da Monarquia

+ - 1200 a.C.

Josué lidera a chegada à terra prometida e o povo de Israel se instala em Canaã. Inúmeros juízes e profetas conduzem o povo nesse período.

De Moisés a Josué

+ - 1500 a.C.

Em aproximadamente 1250, Moisés lidera a saída do Egito. Na caminhada à "terra prometida" recebem as Tábuas da Lei no Sinai.

Época dos Patriarcas

+ - 2000 a.C.

Abraão
Isaac
Jacó

Antes de 1580, os "filhos de Jacó" descem ao Egito.

Deus prepara um caminho de salvação

Palavra inicial: Neste encontro queremos refletir que Deus escolheu Abraão e que, a partir dele, formou um povo, uma raça eleita – os hebreus, hoje o povo judeu. A partir dessa escolha, Deus prepara todo o caminho de Salvação. Por isso, pretende-se abordar a história de Abraão e o sacrifício de Isaac, explorar a questão do resgate (Deus que nos resgata da morte) e orientar a compreensão da aliança entre Deus e Abraão (mudança de nome).

Preparando o ambiente: Ambão com toalha da cor do tempo litúrgico, vela e flores.

Acolhida: O catequista acolhe os catequizandos com o dizer "Deus também escolheu você, ...N..., seja bem-vindo!". Na sala, saúda a todos mais uma vez, desejando-lhes boas-vindas.

Recordação da vida: Ao redor da Mesa da Partilha ou da Palavra, fazer uma breve recordação dos fatos ocorridos durante a semana. Ainda poderá lembrar o encontro passado e pedir para que destaquem o que lhes chamou atenção ao ver os acontecimentos que antecederam a vinda de Jesus. Poderá também explorar a linha do tempo pessoal solicitando que destaquem fatos importantes na caminhada de vida cristã.

NA MESA DA PALAVRA

Oração inicial: Motivar a oração valorizando tudo o que foi mencionado na recordação da vida. Depois convidar para invocar o Espírito Santo, cantando ou rezando.

O catequista convida um catequizando para se dirigir até o ambão e proclamar o texto indicado.

Leitura do texto bíblico: Gn 22,1-18.

Em seguida, após uns minutos de silêncio, o catequista lê novamente o texto, pausadamente, destacando alguns pontos.

> *E o menino disse: 'Temos o fogo e a lenha, mas onde está o cordeiro para o holocausto?' E Abraão respondeu: 'Deus providenciará o cordeiro para o holocausto, meu filho'. [...] Depois estendeu a mão e tomou a faca para imolar o filho. Mas o anjo do Senhor gritou dos céus: 'Abraão! Abraão!' [...] 'Não estendas a mão contra o menino e não lhe faça mal algum'. [...] Abraão ergueu os olhos e viu um carneiro preso pelos chifres num espinheiro. Pegou o carneiro e ofereceu-o em holocausto em lugar do filho...*

O catequista convida a todos a sentarem ao redor da Mesa da Partilha.

NA MESA DA PARTILHA

Reconstruir com os catequizandos o texto bíblico. Depois, convidar a uma leitura silenciosa observando algum detalhe não comentado na reconstrução do texto. Se houver algo, todos podem partilhar.

▸ O catequista, então, comenta que nos capítulos 12 a 25 do livro de Gênesis encontraremos a história de Abrão (Abraão), um homem escolhido por Deus para formar um povo, uma nova raça, um povo eleito. "O Senhor disse a Abrão: 'Sai de tua terra, do meio dos teus parentes, da casa de teu pai e vai para a terra que te mostrarei. Farei de ti uma grande nação e te abençoarei, engrandecendo teu nome, de modo que se torne uma benção" (Gn 12,1-2).

▸ Abraão ouviu as palavras do Senhor e nelas acreditou. Tomando sua mulher, Sarai, partiu... Depois de muitos acontecimentos finalmente se instalou na terra que o Senhor havia prometido. Muitos anos se passaram, mas Abraão e sua mulher não tiveram descendentes. Sarai era estéril e não podia ter filhos. Abraão, vendo os anos passarem sem a descendência por Deus prometida, começa a questionar: "Senhor Deus, que me haverás de dar, se eu devo deixar este mundo sem filhos...?" (Gn 15,2). O tempo de Deus era diferente do tempo de Abraão.

▸ No tempo certo, Deus, na sua infinita paciência e misericórdia, se dirige novamente a Abraão e lhe reafirma a promessa de numerosa descendência. Essa é a terceira vez que Deus faz uma aliança com Abraão e agora lhe dá um novo nome, indicando a participação nas bênçãos da aliança e o símbolo do novo status que assumiria: pai das nações, dele nascerão reis e povos. A mudança de nome, portanto, significava a nova missão, a mudança de vida, ou ainda o novo status assumido perante Deus e o seu povo.

▸ O catequista poderá citar alguns exemplos: Simão para Pedro; Cardeal Jorge Mario Bergoglio para Papa Francisco... Nesse contexto, convém enfatizar os textos bíblicos: "Já não te chamarás Abrão, mas teu nome serás Abraão, porque farei de ti o pai de uma multidão de nações" (Gn 17,5); "Quanto à tua mulher, Sarai, já não chamarás Sarai, mas Sara. Eu a abençoarei e também dela te darei um filho. Vou abençoá-la e ela será mãe de nações..." (Gn 17,15-16).

▸ Um ano depois, a promessa se cumpre. Sara dá à luz Isaac, que significa "ele ri", por causa dos risos de seus pais. Os risos de dúvida se transformam em sorrisos de alegria. Alegria de uma nova vida, da inocência de uma criança, da beleza da vida.

▸ Passados alguns anos, Abraão novamente escuta uma voz: "Abraão, [...] toma teu único filho Isaac a quem tanto amas, dirige-te à terra de Moriá e o oferece-o ali em holocausto sobre um monte que eu te indicar" (Gn 22,1-2). Deus põe Abraão à prova... Holocausto significa "queimar por inteiro"; além de sacrificar, teria que atear fogo. Abraão levantou-se cedo, rachou a lenha e colocou-se a caminho para onde Deus lhe havia falado. No terceiro dia de caminhada, Abraão eleva os olhos e avista o lugar. Ao pé do monte, ele coloca a lenha para o holocausto nas costas de Isaac e, tendo em suas mãos o fogo e a faca, começam a subir o monte até onde seria erguido o altar.

▸ A subida torna-se dramática... Isaac pergunta a Abraão: "[Pai] Temos o fogo e a lenha, mas onde está o cordeiro para o holocausto?" (Gn 22,7). Imaginem a angústia de saber que o próprio filho carregava a lenha de seu sacrifício. A resposta de Abraão é sábia e confiante: "Deus providenciará o cordeiro para o holocausto, meu filho" (Gn 22,8). E os dois continuam o caminho. No alto do monte, onde Deus havia indicado, Abraão ergue o altar, coloca a lenha em cima e amarra o filho Isaac.

▶ Imaginem cada passo dado, o caminho que se torna interminável... cada pensamento e questionamento, a dúvida entre a fé e a razão até chegar àquele momento. Imaginem cada pedra sendo colocada para erguer o altar, cada pedaço de lenha sendo acomodada e, enfim, o terrível momento de amarrar o filho, de deitá-lo sobre o altar, de empunhar a faca... O olhar de Isaac, o por quê? A sua luta, a não compreensão: "Isaac, você é o sacrifício!". Então, a confiança no pai (Pai) torna-se maior que o medo. Isaac, dócil ao projeto de Deus, se deixa amarrar e, colocando talvez as mãos sobre os olhos do filho, Abraão ergue a faca. No momento extremo da decisão, do limite, Deus intervém: "Abraão! Abraão! [...] Não estendas a mão contra o menino e não lhe faça mal algum. Agora sei que temes a Deus, pois não me recusastes teu único filho" (Gn 22,12). **Surge a concepção do RESGATE.** Deus, que intervém na história e resgata Isaac da morte, apresenta o cordeiro a ser sacrificado em seu lugar.

▶ Podemos nos perguntar por que Deus faria um pedido desse a um pai. Questionar: que Deus é esse? Podemos compreender esse relato saindo do texto bíblico e olhando o contexto para pressupor algumas coisas... Abraão não esperou o tempo de Deus. Com a demora de a promessa se cumprir, quis fazer do seu modo, duvidou e questionou... Enfim, no tempo de Deus e não no tempo de Abraão, a promessa se cumpre. Isso mexe com Abraão, deixa-o com um sentimento de gratidão, mas também de arrependimento, de consciência pesada por não ter esperado no Senhor. A voz que Abraão escuta talvez seja da sua consciência que quer provar a Deus o seu amor, a sua fidelidade. E como qualquer ser humano que precisa de provas,

quer também provar a Deus o seu amor por Ele. Escolhe Lhe dar o que possui de melhor e mais valioso, o *filho* único. Talvez influenciado por um costume pagão da época, no qual sacrificavam o filho primogênito, do sexo masculino, ao deus Baal, o deus da fertilidade, pois acreditavam que ele poderia lhes dar muito mais filhos.

▶ Abraão, talvez ao ver o costume pagão, poderia ter pensado que oferecendo o seu primogênito ao único Deus verdadeiro, autor e criador de tudo, amenizaria a dor da culpa que o condenava e, agradando a Deus, este lhe daria muito mais descendentes. Porém, a lógica de Deus é completamente diferente da lógica humana. Deus não é um deus qualquer, que quer coisas em troca... Deus faz por amor, e na gratuidade. Não nos pede nada como retribuição. Mas por que Deus permitiria a Abraão levar adiante esse pensamento, a ponto de levantar a faca sobre o filho? Ora, porque de nada adiantaria a Abraão qualquer palavra... Mesmo Deus dizendo não ser necessário, que Ele conhecia o seu coração... as palavras não amenizariam a dor da consciência de Abraão. Então, Deus permite que Abraão siga pelo caminho, deixa-o chegar ao extremo... Esse tempo e caminho foram necessários para que Deus curasse Abraão. Deus agiu no caminho... **E no limite, Deus age e RESGATA Isaac.**

▶ Assim como Abraão e Isaac, Deus tem um Projeto de Amor e Salvação... Talvez não saibamos o "porquê" ou o "para quê" das coisas, mas é preciso ter a firme confiança de que, no tempo certo, Deus agirá e intervirá em nossas vidas, em nossas histórias. A nós, basta confiar e esperar o seu tempo. Podemos nos perguntar: do que minha consciência me acusa? Ou: qual o caminho que estou trilhando ou devo trilhar para que Deus possa agir?

▶ Deus interveio e libertou Isaac da morte. Com o resgate e o sacrifício, Deus sela uma nova aliança com Abraão, de onde nasce um costume: todo primogênito do sexo masculino deve ser apresentado a Deus e, na ocasião, faz-se o sacrifício de um animal em holocausto. Esse costume foi testemunhado pelo próprio Jesus ao ser apresentado por seus pais, José e Maria, no Templo: "Terminado os dias da purificação deles segundo a Lei de Moisés, levaram o menino para Jerusalém a fim de apresentá-lo ao Senhor, conforme está escrito na Lei do Senhor: *Todo primogênito do sexo masculino será consagrado ao Senhor*. Ofereceram também em sacrifício conforme está escrito na Lei do Senhor, um par de rolas ou dois pombinhos" (Lc 2,22-24). Nós, cristãos, fazemos memória desse evento até hoje com a festa da "Apresentação do Senhor", celebrada pela liturgia no dia dois de fevereiro.

Conclusão: O catequista poderá concluir dizendo que esse costume não é mais observado. Podemos nos perguntar o motivo: por que já não sacrificamos um animal ao nascer um primogênito do sexo masculino? A resposta nos vem quando olhamos para a cruz e enxergamos Jesus Crucificado, quando entendemos que Ele é o cumprimento do projeto começado por Deus em Abraão para salvar toda a humanidade. Cristo, o primogênito do Pai, do sexo masculino, foi SACRIFICADO em nosso lugar. Fez-se cordeiro e nos resgatou da morte eterna. Fez-se pecador para nos salvar e libertar da condenação eterna. Está aí o motivo que justifica o porquê de os padres dizerem durante a celebração eucarística: "Eis o Cordeiro de Deus que tira o pecado do mundo" (Jo 1,29). Para *resgatar* a humanidade da morte do pecado, Deus sacrifica seu Filho em nosso lugar. Cristo se torna o cordeiro que tira o pecado do mundo. Assim como fez com Isaac, Deus providencia o próprio Filho para nos salvar.

Oração final: Convidar os catequizandos a ficarem em pé ao redor da Mesa da Palavra e incentivá-los a formularem orações e preces. Concluir rezando o Pai-nosso e a oração:

Pai de amor, na sua infinita misericórdia enviou seu Filho ao mundo para nos resgatar da morte do pecado. Que possamos confiar em seu Projeto de Amor e Salvação, sendo fiéis aos seus ensinamentos. Por Cristo, nosso Senhor. Amém.

Após a oração, o catequista impõe as mãos sobre a cabeça de cada catequizando e traça o sinal da cruz em sua fronte, dizendo: "Cristo, o Cordeiro de Deus, resgata você da morte eterna, ...N..., vai em paz e que o Senhor o acompanhe!".

Jacó e os doze filhos

Palavra inicial: Neste encontro queremos apresentar a história de Jacó e de seus doze filhos, que deram origem às doze tribos, aos doze povos a quem Deus se revelou e agiu durante longo tempo. O nascimento do "povo de Israel".

Preparando o ambiente: Ambão com toalha da cor do tempo litúrgico, Bíblia, vela e flores.

Acolhida: O catequista acolhe os catequizandos com o dizer "...N..., Deus está no meio de nós!", ou outro semelhante.

Recordação da vida: Ao redor da Mesa da Partilha ou da Palavra, lembrar fatos e acontecimentos que marcaram a semana.

NA MESA DA PALAVRA

Oração inicial: Convidar a todos para invocar o Espírito Santo, cantando ou rezando. Concluir com uma oração espontânea.

O catequista convida um catequizando para se dirigir até o ambão e proclamar o texto indicado.

Leitura do texto bíblico: Gn 32,25-30.

Em seguida, o catequista lê a passagem novamente, desta vez pausadamente, com destaque a alguns pontos do texto:

> *Mas Jacó respondeu: 'Não te soltarei se não me abençoares'. E o homem lhe perguntou: 'Qual é o teu nome?' – 'Jacó', respondeu. E ele lhe disse: 'De ora em diante já não te chamarás Jacó, mas Israel, pois lutastes com Deus e com homens e vencestes'. [...] E ali mesmo o abençoou...*

O catequista convida a todos a sentarem ao redor da Mesa da Partilha.

NA MESA DA PARTILHA

Solicitar que os catequizandos reconstruam o texto bíblico e expressem o que entenderam. Depois, pedir para que releiam a passagem individualmente. O catequista poderá incentivá-los a partilhar o que o texto disse a cada um.

Logo após, aprofundar a passagem bíblica dizendo:

- O livro de Gênesis, do capítulo 25,19 até o último (50), narra a história de Jacó, um dos filhos de Isaac. Uma história recheada de trapaças e mentiras. Porém, diante da fragilidade humana e de seus pecados, Deus age em favor da humanidade em seu infinito amor e misericórdia. Onde abundou o pecado, Deus faz superabundar a sua graça (Rm 5,21).

- No texto bíblico que meditamos, Jacó está retornando para a terra de seu pai Isaac, onde deseja encontrar seu irmão Esaú para se reconciliar após inúmeros episódios de rivalidade. Nessa caminhada de volta, Jacó, sozinho na madrugada, trava uma luta corpo a corpo com um homem misterioso, que depois se revela como Deus. Depois de feri-lo na coxa, esse homem lhe muda o nome para Israel e o abençoa. Israel significa "aquele que luta com Deus". Os descendentes de Jacó passam a ser chamados e identificados como Israel, isto é, aqueles que lutam com Deus.

- Sozinho com Deus, Jacó ouve a sua voz, busca saber o seu nome, o vê face a face (glória) e recebe sua bênção. Deus o deixou vencer diante da sua persistência e perseverança, porém feriu a sua coxa para que, a partir daquele momento, Jacó deixasse de depender da sua força e de suas trapaças, e dependesse exclusivamente da ajuda, orientação e bênçãos de Deus. O grito perseverante de Jacó pela bênção de Deus o transformou num novo homem, com um novo nome. Deus é vencido pelo clamor, e não pela força.

- Deus abençoa Jacó e todos os seus descendentes, e segue cumprindo a promessa feita a Abraão... Os doze filhos de Jacó (descendentes), unidos a outros grupos, constituirão no futuro o povo de Israel, escolhidos por Deus, do qual nasce Jesus. Porém, até a vinda do Salvador, muitos séculos passaram e Deus continuou agindo na vida e na história do seu povo.

O catequista poderá pedir para que os catequizandos abram suas Bíblias em Gn 35,22b-26 e descubram o nome dos doze filhos de Jacó. Antes, porém, convém esclarecer que era comum o homem se deitar com outras mulheres para garantir a descendência como aconteceu na dramática história de Jacó, que se deitou com quatro mulheres.

Conclusão: Os doze filhos de Jacó eram Rúben, Simeão, Levi, Judá, Issacar, Zabulon, José, Benjamim, Dã, Neftali, Gad e Aser. Cada um dos filhos descerá ao Egito várias décadas depois. Com a saída do Egito e a conquista da "terra prometida", seus descendentes, unidos a outros grupos, formarão o povo hebreu (judeu), escolhido por Deus para nascer Jesus Cristo.

Oração final: Ao redor da Mesa da Palavra, pedir para que os catequizandos façam orações espontâneas, principalmente pela história e vida de cada um e de suas famílias. Orientar para que clamem a Deus fazer a sua obra e derramar a suas bênçãos sobre cada realidade. Rezar o Pai-nosso e concluir com a oração:

Senhor nosso Deus, queremos louvá-Lo e agradecer por ter enviado, por amor, Jesus ao mundo para nos salvar. Louvamos e agradecemos, também, por nossas famílias e histórias, e pedimos que derrame suas bênçãos sobre cada um de nós. Por Cristo, Senhor nosso. Amém.

Após a oração, o catequista impõe as mãos sobre a cabeça de cada catequizando e traça o sinal da cruz em sua fronte, dizendo: "Deus o abençoe e guarde, ...N..., vai em paz e que o Senhor o acompanhe! Amém".

Material de apoio

Ler os capítulos 25,19ss do livro de **Gênesis**, até o final.

Recomenda-se o livro: BALANCIN, Euclides Martins. **História do Povo de Deus**. São Paulo: Paulus, 1998.

O SIGNIFICADO DO NÚMERO DOZE

Para o povo hebreu, os números têm significados e forte simbolismo. O número doze é exemplo disso. Inúmeras passagens falam do número doze na Bíblia. O número doze é o número quatro (que representa o homem) multiplicado por três (simboliza Deus, a perfeição, plenitude, a Trindade). Sendo assim, o número doze quer representar a união da criatura com o Criador. Esse número, portanto, refere-se a todo povo escolhido por Deus: as doze tribos de Israel, representando todo o Antigo Testamento, e os doze discípulos, todo o povo do Novo Testamento, reunido por Jesus Cristo.

José e o ciúme dos irmãos

Palavra inicial: Neste encontro queremos mostrar aos catequizandos a história de José, o filho predileto de Jacó que foi vendido pelos irmãos por ciúmes; sua reconciliação com os irmãos; e seu reencontro com o pai. Por fim, vamos atualizar a leitura desta história para a nossa realidade: o ciúme e a inveja nos dias de hoje, e suas consequências.

Preparando o ambiente: Ambão com toalha da cor do tempo litúrgico, Bíblia, vela e flores.

Acolhida: O catequista acolhe a todos com o dizer "bem-vindo, ...N..., filho amado de Deus!", ou outro semelhante.

Recordação da vida: Ao redor da Mesa da Partilha ou da Palavra, lembrar fatos e acontecimentos que marcaram a semana. Lembrar que, no último encontro, falávamos da história de Jacó e dos seus doze filhos.

NA MESA DA PALAVRA

Oração inicial: O catequista conduz a oração de uma maneira espontânea e, na sequência, motiva a cantar ou rezar invocando o Espírito Santo.

Um catequizando dirige-se até o ambão para proclamar o texto bíblico.

Leitura do texto bíblico: Gn 37,1-4.17b-28.

Depois de um momento de silêncio, o catequista lê o texto novamente, devagar, destacando alguns pontos.

> *Os irmãos, percebendo que o pai o amava mais do que a todos eles, odiavam-no e já não podiam falar-lhe amigavelmente. [...] Ao passarem os mercadores madianitas, tiraram José da cisterna e por vinte moedas de prata o venderam aos ismaelitas, e estes o levaram para o Egito.*

O catequista convida a todos a sentarem ao redor da Mesa da Partilha.

NA MESA DA PARTILHA

Reconstruir com os catequizandos o texto bíblico. Depois, pedir para reler a passagem proclamada observando algum detalhe não comentado na reconstrução do texto. Se houver algo, todos podem partilhar.

Meditar com os catequizandos o texto bíblico, comentando que José era o filho mais novo de Jacó e o mais amado do pai, pois nascera na velhice. José tinha um dom especial, podia interpretar sonhos, o que deixava seus irmãos com ciúmes, a ponto de já não suportarem mais conviver com ele. Então, venderam-no como escravo por vinte moedas e disseram ao pai que fora morto por um animal feroz.

Se continuarmos a ler a história de José, descobriremos que foi vendido como escravo no Egito. Era um homem justo e Deus estava com ele. Porém, caluniado pela esposa de seu patrão, José foi jogado na prisão. Anos depois, perturbado por sonhos e não achando quem o interpretasse, o Faraó descobre em José a chave para os seus significados. Seu escravo os interpreta com clareza e faz com que, no Egito, se previnam para os tempos de seca e fome que abateriam a região. A partir daí, José torna-se um grande governador e homem de confiança do Faraó.

Passados alguns anos, com a fome que se abateu em toda a região, prevista pelo sonho e interpretação de José, eis que dez de seus irmãos descem ao Egito em busca de comida. Jacó e todos os seus filhos foram assolados pela seca e pela falta de comida. Quando os irmãos chegam ao Egito para comprar comida, são obrigados a negociar com José... Os dez irmãos prostram-se aos pés dele, mas não o reconhecem. José, ao contrário, reconheceu-os, porém se comportou como um estranho.

Começa aí uma bela história de reconciliação. José, como num jogo, faz seus irmãos se recordarem de seu pecado, de terem forjado a sua morte e de tê-lo vendido ao Egito. Faz com que se responsabilizem por Benjamim, o filho mais novo, ao qual Jacó se apegou com o sumiço de José. Depois de idas e vindas, como nos narram os capítulos 42 ao 45 do livro de Gênesis, José se dá a conhecer aos irmãos e estes ficam estarrecidos com a revelação. José perdoa-os e seus irmãos trazem o pai, Jacó, até o Egito para reencontrar o filho querido.

Como a seca e a fome ainda durariam anos, Jacó e todos os seus se instalam no Egito, através do convite do Faraó e de José. Não sabemos muitas vezes o porquê das coisas, porém Deus sabe o que é melhor para cada um de nós. Do ciúme e da maldade do coração dos irmãos, Deus fez com que a misericórdia e o perdão prevalecessem e, com isso, Jacó e seus descendentes foram salvos da seca e da fome.

Conclusão: O catequista poderá concluir questionando aos catequizandos se já sentiram ciúmes de alguém e se há algum fato ou alguma situação de suas vidas que não compreenderam. Depois, poderá dizer que esses sentimentos (ciúmes, inveja...) fazem com que o mal se instale em nós a ponto de não enxergarmos as consequências dos nossos atos. Deus nos ama igualmente. E por isso temos que saber lidar com nossos sentimentos, colocar o amor acima de tudo. O catequista ainda poderá incentivá-los a fazer um momento de silêncio recordando pessoas e situações que já despertaram ciúmes e inveja. Diante disso, orientar que peçam a Deus para agir na vida e no coração de cada um, substituindo tais sentimentos por perdão e gratidão a tudo o que possuem e são.

Oração final: Ao redor da Mesa da Palavra, motivar os catequizandos a formularem orações e preces pedindo para preencher a falta de amor e perdão que impera em nossa sociedade. De modo especial, para que Deus cure o coração de cada um, tirando todo mau sentimento. O catequista convida a todos a rezarem o Pai-nosso e conclui com a oração:

> *Deus, Pai de bondade que nos chama para fazer com que o seu Reino se torne realidade no meio da humanidade, faça com que tenhamos força e coragem para sermos o perfume de que o mundo tanto necessita. Por Cristo, Senhor nosso. Amém.*

Após a oração, o catequista impõe as mãos sobre a cabeça de cada catequizando e traça o sinal da cruz em sua fronte, dizendo: "Deus ama você incondicionalmente, ...N...., vai em paz e que o Senhor o acompanhe! Amém".

9º Encontro

A escravidão no Egito

Palavra inicial: Neste encontro, refletiremos sobre a história do povo hebreu no Egito até o momento da escravidão, o nascimento de Moisés e o clamor do povo por libertação.

Preparando o ambiente: Ambão com toalha da cor do tempo litúrgico, Bíblia, vela e flores.

Acolhida: O catequista acolhe os catequizandos com o dizer "...N..., a luta pelo poder nos escraviza". Quando já estiverem na sala, saúda a todos mais uma vez, desejando-lhes boas-vindas.

Recordação da vida: Ao redor da Mesa da Partilha ou da Palavra, o catequista poderá perguntar sobre o encontro anterior. Poderá destacar, ainda, os acontecimentos importantes que possam ter ocorrido na vida da comunidade e abordar as questões relacionadas ao perdão a quem lhes tenha causado algum mal, a exemplo do que ocorreu com José. Explorar as questões propostas no Diário.

NA MESA DA PALAVRA

Oração inicial: Motivar a oração, valorizando tudo o que foi mencionado na recordação da vida, e invocar o Espírito Santo cantando ou rezando.

O catequista convida um catequizando para se dirigir ao ambão e proclamar o texto indicado.

Leitura do texto bíblico: Ex 1–2,1-10.

Em seguida, após uns minutos de silêncio, o catequista deve lê-o novamente, desta vez pausadamente, destacando alguns pontos do texto.

> *Não podendo escondê-lo por mais tempo, pegou uma cestinha de papiro, calafetou-a com betume e piche, pôs nela o menino e deixou-o entre o junco na margem do rio. [...] Quando o menino estava crescido, levou-o à filha do Faraó, que o adotou como filho. Deu-lhe o nome de Moisés, pois disse: 'Eu o tirei das águas!'*

O catequista convida a todos a sentarem ao redor da Mesa da Partilha.

NA MESA DA PARTILHA

Reconstruir com os catequizandos o texto bíblico. Convidar a uma leitura silenciosa da passagem proclamada, observando algum detalhe não comentado na reconstrução do texto. Se houver algo, todos podem partilhar.

O catequista contextualiza dizendo que Jacó e todos os seus filhos, com suas famílias, desceram e se instalaram no Egito. Muitos anos se passaram, José, seu pai, e todos os irmãos já tinham falecido. Um novo rei, que não conhecera José, subiu ao trono no Egito. Este, olhando como os descendentes de Jacó cresciam e se multiplicavam, tornando-se cada vez mais numerosos, começou a temer que um dia se revoltassem e lhe tomassem o poder. Então, influenciado por preocupações, o novo Faraó os oprime com trabalhos forçados. Os egípcios reduziram os israelitas a uma dura escravidão.

Porém, quanto mais os israelitas eram oprimidos, mais se multiplicavam. O Faraó ordena, então, que as parteiras que assistissem ao parto das mulheres hebreias matassem toda criança do sexo masculino que nascesse. As parteiras, tementes ao Senhor, descumpriram a ordem do Faraó, que acabou por ordenar ao seu povo jogar no rio Nilo todos os meninos hebreus recém-nascidos, poupando apenas as meninas.

O texto que hoje lemos mostra a história de Moisés, filho de hebreus que, ao nascer nesse contexto, é escondido por sua mãe para não ser jogado no rio e morrer. No entanto, sem condições de mantê-lo escondido, ela trama um plano: coloca-o numa cesta às margens do rio para ser encontrado pela filha do Faraó. O plano dá certo, e a mulher adota o menino como filho e lhe dá o nome de Moisés. Assim, ele cresce no palácio junto aos egípcios...

A vida de Moisés foi poupada, pois desde o seu nascimento Deus tinha um projeto para ele: conduzir seu povo em busca da libertação, como veremos no próximo encontro.

Conclusão: O catequista conclui dizendo que o medo de perder o poder, ou a fascinação por estar no poder, é a razão dos inúmeros males que assolam nossa sociedade. Pelo poder, nações são escravizadas, pessoas são mortas... A ganância e o dinheiro transformam o ser humano. Em busca de cumprir a sua vontade e ser melhor que os demais, muitos exploram e passam por cima dos outros. Porém, a exemplo do que fez o Faraó aos hebreus, essas atitudes demostram medo, fraqueza e insegurança.

Oração final: O catequista convida os catequizandos a ficarem em pé ao redor da Mesa da Palavra para fazerem preces e louvores, rezando de modo especial pela paz no mundo e pelo respeito aos povos. Rezar o Pai-nosso e concluir com a oração:

> *Pai, que desde o princípio tinha um Projeto de Salvação para a humanidade e que, com a vinda de seu Filho, ensinou-nos a renunciar todo poder que oprime o próximo e a ganância, pedimos que nos guie para colocar nossa própria vida a serviço da construção do Reino. Por Cristo, nosso Senhor. Amém.*

Após a oração, o catequista impõe as mãos sobre a cabeça de cada catequizando e traça o sinal da cruz em sua fronte, dizendo: "cumpre sempre a vontade do Pai, ...N..., vai em paz e que Senhor o acompanhe!".

10º Encontro
Moisés e sua missão

Palavra inicial: Daremos continuidade à história do povo hebreu no Egito, mostrando que Moisés se identifica com seu povo e, num encontro com Deus na sarça, recebe a missão de libertá-lo. Mesmo diante das limitações, ele é obediente ao Senhor. Refletiremos sobre qual é a missão que nós também recebemos hoje.

Preparando o ambiente: Ambão com toalha da cor do tempo litúrgico, Bíblia, flores e vela.

Acolhida: O catequista acolhe os catequizandos saudando-os com o dizer "Deus também o envia em missão, ...N..., seja bem-vindo!".

Recordação da vida: Quando todos estiverem na sala do encontro, o catequista convida-os para se colocarem ao redor da Mesa da Partilha ou da Palavra, onde falarão sobre fatos e acontecimentos que marcaram a semana e a vida da comunidade. O catequista recorda, ainda, o que foi abordado no último encontro.

NA MESA DA PALAVRA

Oração inicial: Motivar a oração de maneira espontânea, convidando para invocar o Espírito Santo.

Em seguida, o catequizando dirige-se ao ambão e proclama o texto bíblico.

Leitura do texto bíblico: Ex 3,1-12a.

Depois de um momento de silêncio, o catequista lê o texto novamente, devagar, destacando alguns pontos.

> *O Senhor lhe disse: 'Eu vi a opressão de meu povo no Egito, ouvi os gritos de aflição diante dos opressores e tomei conhecimento de seus sofrimentos. Desci para libertá-los das mãos dos egípcios e fazê-los sair desse país para uma terra boa e espaçosa, uma terra onde corre leite e mel' [...] 'E agora vai, que eu te envio ao Faraó para que libertes meu povo, os israelitas, do Egito.*

O catequista convida a todos a sentarem ao redor da Mesa da Partilha.

NA MESA DA PARTILHA

Reconstruir com os catequizandos o texto bíblico. Depois, convidar a uma leitura silenciosa da passagem proclamada, observando algum detalhe não comentado na reconstrução do texto. Se houver algo, todos podem partilhar.

O catequista reflete com os catequizandos dizendo que, desde o nascimento de Moisés, Deus já tinha um projeto e uma missão para ele. Embora tenha crescido e sido educado na corte egípcia, Moisés não esquece sua origem e sente-se solidário ao ver os hebreus, seus irmãos, oprimidos.

Comentar que Moisés, ao ver um irmão hebreu ser agredido por um soldado egípcio, o defende. Isso faz com que o Faraó veja-o como um traidor, forçando-o a fugir para se esconder e não ser morto. Deus preparava, assim, um líder para libertar seu povo.

Na fuga, Moisés vai para a terra de Madiã, uma tribo nômade. Ali se depara com as filhas do sacerdote de Madiã sendo hostilizadas por um grupo de pastores. Moisés as defende e o pai delas o convida para morar com eles. Moisés, então, casa-se com uma delas e ajuda o sogro a cuidar do rebanho de ovelhas.

Depois de muitos anos, o rei do Egito morre. Porém, o povo hebreu continua a sofrer e a ser explorado. Deus ouve os lamentos e clamores do seu povo, não é alheio nem insensível aos seus sofrimentos. Lembrando-se da aliança feita com os patriarcas (Abraão, Isaac e Jacó), e em resposta aos pedidos do povo, Deus escolhe Moisés para libertá-los.

Enquanto pastoreava o rebanho do sogro, Moisés vê no monte Horeb uma sarça envolvida por uma chama de fogo que não a consumia. Ao se aproximar para ver o que era, escuta a voz divina e redescobre o Deus de seus pais. Moisés é convidado a tirar as sandálias em respeito à presença de Deus. Esse gesto é um sinal de humildade e reconhecimento da grandeza do Senhor. Deus revela a Moisés seu plano de libertação e o envia ao Faraó.

Deus prepara uma nova terra, espaçosa e fértil, para que seu povo possa habitar com dignidade. Para chegar até lá, precisa que alguém o conduza e o lidere à sua frente. Moisés é escolhido por Deus para que, com sua sensibilidade e humanidade, possa falar em seu nome e do seu povo.

No entanto, Moisés não se sente digno: "Quem sou eu para ir ao Faraó...?" (Ex 3,11). Ele já havia fracassado uma vez, e precisou fugir. Porém, agora é o Senhor quem o envia, o projeto não é mais de Moisés, mas do próprio Deus. Moisés é apenas um instrumento, será apenas a boca de Deus. "Eu estou contigo" (Ex 3,12), diz o Senhor.

Conclusão: Moisés ouve atentamente as orientações do Senhor e parte confiante para cumprir a sua missão de libertar o seu povo. Assim como para Moisés, Deus também tem uma missão para cada um de nós. Desde o ventre de nossas mães, Deus já nos escolheu e nos envia a pregar e testemunhar as suas maravilhas. Para isso, precisamos escutar a sua voz no silêncio, acreditar e nos pôr a caminho sem medo ou vergonha.

O catequista poderá dizer que no próximo encontro continuaremos vendo o desenrolar dos acontecimentos da missão de Moisés. Para isso, orientará os catequizandos para que façam as atividades propostas em seus Diários.

Oração final: O catequista convida os catequizandos a ficarem em pé ao redor da Mesa da Palavra e os incentiva a formularem orações e preces. Poderá rezar o Pai-nosso e concluir com a oração:

> *Senhor Deus, que chamastes Moisés para libertar teu povo do Egito e enviastes Jesus para nos libertar da morte eterna do pecado, nos fortaleça para que possamos também nós cumprir a nossa missão de ser verdadeiras testemunhas e construtores do teu Reino. Por Cristo, nosso Senhor. Amém.*

Após a oração, o catequista impõe as mãos sobre a cabeça de cada catequizando e traça o sinal da cruz em sua fronte, dizendo: "Cristo está contigo, ...N..., vai em paz e que o Senhor te acompanhe! Amém".

A libertação do Egito e a instituição da Páscoa

Palavra inicial: Neste encontro vamos conhecer a história de libertação do Egito, de modo especial todo o ritual desde a noite da libertação até a passagem pelo mar: A PÁSCOA.

Preparando o ambiente: Ambão com toalha da cor do tempo litúrgico, Bíblia, vela e flores.

Acolhida: O catequista acolhe os catequizandos com o dizer "Deus liberta seu povo, ...N..., seja bem-vindo!", ou outro semelhante.

Recordação da vida: Ao redor da Mesa da Partilha ou Palavra, lembrar fatos e acontecimentos que marcaram a semana. Lembrar que, no último encontro, falávamos da missão de Moisés em liderar a libertação do povo hebreu.

NA MESA DA PALAVRA

Oração inicial: O catequista conduz a oração de maneira espontânea e, depois, pode convidar a cantar ou rezar invocando o Espírito Santo.

Um catequizando dirige-se até o ambão e proclama o texto bíblico.

Leitura do texto bíblico: Ex 12,1-17.

Depois de um momento de silêncio, o catequista lê o texto novamente, devagar, destacando alguns pontos.

> *Assim o comereis: com os cintos na cintura, os pés calçados, o bastão na mão; e comereis às pressas, pois é a Páscoa do Senhor. [...] Guardarei esse dia, por todas as gerações, como instituição perpétua.*

O catequista convida a todos a sentarem ao redor da Mesa da Partilha.

NA MESA DA PARTILHA

Reconstruir com os catequizandos o texto bíblico. Depois, convidá-los a uma leitura silenciosa da passagem proclamada, observando algum detalhe não comentado na reconstrução do texto. Se houver algo, todos podem partilhar.

O catequista medita com os catequizandos o texto bíblico dizendo que, depois de ouvir atentamente as palavras de Deus, Moisés foi ao encontro do Faraó e fez tudo o que o Senhor dissera. Porém, o coração do Faraó estava endurecido... Foi apenas depois da décima praga que o Faraó não só os deixou sair, mas os expulsou definitivamente do Egito.

Antes, porém, de saírem do Egito, Deus ordenou que fizessem uma série de ritos. Era "a última ceia no Egito", como preparação para a fuga e sinal profético da libertação que aconteceria ao atravessarem o mar.

O catequista explica que a última ceia no Egito era composta, como vimos na leitura do livro de Êxodo, por uma sequência de ações rituais e símbolos que começavam a ser preparados alguns dias antes da noite em questão:

- Tomar um cordeiro ou cabrito por família, macho, de um ano e sem defeito, e mantê-lo fechado.
- No dia ordenado, o animal é imolado ao cair da tarde.
- Um pouco do sangue do animal será passado nos umbrais das portas de onde será realizada a ceia.
- Deverão comer a carne assada com pães sem fermento e, também, ervas amargas.

Todas essas instruções dadas por Deus a Moisés e seu povo formavam os ritos da última ceia no Egito. Cada uma dessas ações tem origem em festas diferentes já realizadas pelo povo, tais como: a Páscoa, uma festa pastoril, e a festa dos pães de origem agrícola sem fermento, que acontecia na primavera.

O povo realizou as ações determinadas por Deus e, naquela noite, o Senhor passou e feriu todos os primogênitos dos egípcios. O povo hebreu, então, sai do Egito liderado por Moisés e guiado por Deus. No entanto, o Faraó se arrepende de liberar a saída e manda seu exército persegui-lo. Na fuga, o povo hebreu depara-se com o Mar Vermelho à sua frente e com as tropas do Faraó às suas costas. Neste momento de limite, de não enxergar nenhuma saída, de não ter opção para onde ir, Deus intervém e diz a Moisés para erguer a vara, estender a mão sobre o mar e o dividir... O povo pode passar a pé enxuto pelo mar e alcançar a tão sonhada libertação. O Faraó e todo seu exército são derrotados.

A passagem do povo pelo mar torna-o livre e chegar ao outro lado torna-se o evento fundador da salvação do Antigo Testamento, evento único da libertação do povo hebreu. Todos os últimos acontecimentos formam a Páscoa dos judeus. O termo Páscoa (*pésah*) se refere ao fato de Deus ter "saltado" as casas israelitas (do hebraico *pash*, "saltar, passar adiante") e também à passagem. Páscoa, portanto, significa PASSAGEM. Deus que passa libertando seu povo... Deus que faz passar a pé enxuto o mar e liberta da escravidão do Egito.

O versículo 17 dessa leitura diz que todos deverão guardar esse dia (a noite da libertação) como "instituição perpétua" (Ex 12,17). A última ceia no Egito torna-se, portanto, depois da passagem do Mar Vermelho a pé enxuto, a ocasião sobre a qual as futuras gerações poderão fazer memória dessa libertação.

Como a passagem do mar foi um evento único e não pode mais ser repetido, adaptam-se e repetem-se os ritos da última ceia todos os anos, no início da primavera (no Oriente), e assim se faz memória perpétua da Páscoa, da libertação. Com esses ritos, todos os celebrantes assumem "hoje" a libertação, atualizam o evento. A salvação dada naquela noite não se esgota ali, mas alcançará todas as gerações subsequentes. Não são os seus pais (antepassados) que atravessaram o mar e foram libertos, são eles que ao realizarem esses ritos hoje, ao celebrarem a Páscoa, são libertos e salvos pelo Senhor.

> Jesus, como um bom judeu, também celebrava a Páscoa anualmente. E foi essa celebração anual da Páscoa dos judeus que deu origem à nossa Páscoa cristã, como veremos nos encontros seguintes.

Conclusão: O catequista poderá concluir dizendo que os ritos, a repetição ritual, é que fazem com que algo se torne perpétuo. Os ritos recordam o evento fundador e, se forem mudados, perde-se a referência. Assim, até hoje, os judeus realizam anualmente esses ritos, fazendo memória de sua libertação da escravidão do Egito. No próximo encontro teremos a oportunidade de conhecer um pouco de todas as ações rituais e os símbolos que formam a ceia da Páscoa judaica.

Oração final: Ao redor da Mesa da Palavra, motivar os catequizandos a formular orações e preces pedindo para que Deus liberte seu povo de toda escravidão e exploração. O catequista convida a todos a rezarem o Pai-nosso e conclui com a oração:

> *Deus, Pai de bondade que nos chamastes para fazer com que o teu Reino se tornasse realidade no meio da humanidade, fazei com que tenhamos força e coragem para lutarmos pela libertação dos mais pobres e oprimidos. Por Cristo, Senhor nosso. Amém.*

Após a oração, o catequista impõe as mãos sobre a cabeça de cada catequizando e traça o sinal da cruz em sua fronte, dizendo: "....N...., liberto por Cristo, vai em paz e que Senhor o acompanhe! Amém".

Material de apoio

Recomenda-se o livro: GIRAUDO, Cesare. **Num Só Corpo**. Tratado Mistagógico sobre a Eucaristia. São Paulo: Loyola, 2003. (Ler especialmente o capítulo 3, páginas 63-93.)

12° Encontro

A Páscoa judaica anualmente celebrada

Palavra inicial: Neste encontro queremos mostrar aos catequizandos a estrutura e sequência simbólico-ritual que formam a liturgia da Páscoa dos judeus, celebrada anualmente até hoje.

Preparando o ambiente: Ambão com toalha da cor do tempo litúrgico, Bíblia, vela e flores. Alguns elementos utilizados na celebração da Páscoa judaica, como pão ázimo, ervas amargas (almeirão, rúcula...), ovo cozido e água salgada.

Acolhida: O catequista acolhe os catequizandos com o dizer "Deus nos liberta ainda hoje, ...N..., bem-vindo!". Quando já estiverem na sala, saúda a todos mais uma vez, desejando-lhes boas-vindas.

Recordação da vida: Ao redor da Mesa da Partilha ou da Palavra, o catequista poderá perguntar sobre o encontro anterior. Poderá destacar, ainda, os acontecimentos importantes que possam ter ocorrido na vida da comunidade.

NA MESA DA PALAVRA

Oração inicial: O catequista motiva a oração valorizando tudo o que foi expressado na recordação da vida e invoca o Espírito Santo, cantando ou rezando.

Um catequizando se dirige ao ambão e proclama o texto indicado.

Leitura do texto bíblico: Nm 9,1-5.

Após uns minutos de silêncio, o catequista lê novamente, desta vez pausadamente, destacando alguns pontos do texto.

> *O Senhor falou a Moisés no deserto do Sinai, no primeiro mês do segundo ano depois da saída do Egito: 'Os israelitas celebrarão a Páscoa na data marcada. Deveis celebrá-la no tempo estabelecido, no dia catorze deste mês, à hora do crepúsculo. Vós a celebrareis segundo todos os ritos e normas...'*

O catequista convida a todos a sentarem ao redor da Mesa da Partilha.

NA MESA DA PARTILHA

Reconstruir com os catequizandos o texto bíblico. Depois, convidar para uma leitura silenciosa da passagem proclamada observando algum detalhe não comentado na reconstrução do texto. Se houver algo, todos podem partilhar.

Na sequência o catequista contextualiza dizendo que após a saída do Egito, quando atravessou o Mar Vermelho e alcançou a libertação da escravidão, o povo celebrou e celebra até hoje o ritual da Páscoa fazendo memória daquele momento. O texto de Números que hoje lemos recorda o mandado de Deus, dado a Moisés e a todo o povo, de celebrar segundo os ritos e normas a Páscoa, a passagem.

Até hoje, portanto, o mandamento dado por Deus é cumprido fielmente pelo povo judeu através da *PESSACH*, a festa da Páscoa que recorda a libertação da escravidão do povo hebreu por volta dos anos 1429 a 1313 a.C. Esse momento tão importante e significativo na vida e na história de um povo não pode ser esquecido. É necessário fazer memória, não no sentido apenas de lembrar, mas de atualizar. A celebração anual da Páscoa judaica é, então, a prefiguração litúrgica da saída do Egito, da passagem a pé enxuto através do mar para a libertação.

É festejada por sete dias, nos quais os judeus comem só pão ázimo (pão sem fermento chamado *matzá*) e realizam algumas refeições (jantares) com uma cerimônia especial chamada *Sedarim* (plural de *Seder*), cuja tradução é "ordem". O jantar da noite da Páscoa (*Pessach*) possui uma sequência determinada de diversos símbolos presentes em cada casa, como veremos a seguir.

Esse evento vivido e atualizado a cada ano é um conjunto bastante complexo de ações, palavras e gestos. É, também, um importante momento para transmitir às novas gerações a fé professada. A estrutura ritual, como de costume, tem intuito didático na tradição religiosa judaica, preocupando-se com a clareza e o entendimento na íntegra de cada rito.

O ritual do anúncio da Páscoa

PRIMEIRA PARTE: RITO DE INTRODUÇÃO

1. CONSAGRA (Qaddéš): pronuncia-se a bênção do Quiddúš (consagração) sobre o vinho.
2. E LAVA (Ureḥáṣ): lavam-se as mãos sem pronunciar a respectiva bênção.
3. AIPO (Karpás): imerge-se o aipo no vinagre ou na água salgada.
4. REPARTE (Yaḥáṣ): parte-se o ázimo intermédio em dois e se esconde uma parte para ʾepíqomon.

SEGUNDA PARTE: ANÚNCIO PASCAL E CEIA

5. ANUNCIA (Maggíd): diz-se o anúncio.
    5.1 Introdução em aramaico ("este é o pão de miséria...").
    5.2 A pergunta do filho ("por que esta noite é diferente...?").
    5.3 A primeira introdução ao midráš ("fomos escravos...").
    5.4 Exemplificações instrutivas sobre o tempo da Haggadá ("por toda a noite...").
    5.5 Exemplificações instrutivas sobre os destinatários da Haggadá ("os quatro filhos: o sábio, o mau, o íntegro e aquele que não sabe perguntar...").

5.6 A segunda introdução ao midráš ("desde o início...").

5.7 O midráš ("o arameu queria destruir meu pai...").

5.8 Acréscimos ao midráš (três interpretações rabínicas sobre o número das pragas e a ladainha "ter--nos-ia bastado...").

5.9 O ensinamento do Rabbán Gamli'él.

    5.9.1 Ensinamento negativo ("quem não diz...").

    5.9.2 Ensinamento positivo ("em cada geração...").

    5.10 A primeira secção do Hallél (Sl 113-114).

    5.11 A bênção da redenção.

6.   LAVA (Raḥáṣ): lavam-se as mãos e pronuncia-se a bênção ao fazê-lo.

7.   QUE FAZES SAIR / O ÁZIMO (Moṣi' Maṣṣá): pronuncia-se a bênção "Que fazes sair..." e a bênção "Comer o ázimo...".

8.   AMARGA (Marór): toma-se um pouco de erva amarga e se imerge no ḥaróset.

9.   ENVOLVE (Korék): envolve-se em um pedaço de alface o ázimo e o ḥaróset.

10. PREPARA A MESA (Šulḥán'orék): prepara-se a mesa para comer.

11. ESCONDIDO (šafún): come-se o ázimo guardado para 'epíqomon.

TERCEIRA PARTE: BÊNÇÃO DEPOIS DA CEIA

12. BENDIZ (Barék): pronuncia-se a bênção Birkát hammazón.

    12.1 A Birkát hazzimmún ou diálogo invitatório.

    12.2 A Birkát hazzimmún ou bênção depois da refeição.

    12.3 A bênção "O bom e o benéfico..." e a ladainha "Ele é compassivo...".

    12.4 A bênção "Criador do fruto da videira...".

QUARTA PARTE: RITO DE CONCLUSÃO

13. LOUVA (Hallél): conclui-se o Hallél.

    13.1 Os versículos da ira.

    13.2 A segunda secção do Hallél (Sl 115-118.136).

    13.3 A Birkát haššír ou bênção do cântico.

    13.4 A tríplice bênção.

14. É AGRADÁVEL (Nirṣáh): "Porque Deus já recebeu com agrado tuas obras..."[5].

O local da celebração, a preparação, o ritual em suas catorze divisões e palavras, os alimentos simbólicos... formam um todo que revela a história, o passado, o presente e o futuro de um povo, onde se transmite toda uma tradição, onde cada geração deverá sentir como se ela própria tivesse sido libertada do Egito. Assim, mantém-se viva a memória do povo liberto da escravidão.

O catequista poderá pegar alguns elementos utilizados na celebração da Páscoa judaica e dar para os catequizandos experimentarem. Depois, poderá explicar o sentido e significado de cada um como descrito no texto do "material de apoio".

---

[5] GIRAUDO, Cesare. **Num Só Corpo**: tratado mistagógico sobre a Eucaristia. São Paulo: Loyola, 2003. p. 101-102.

Conclusão: Jesus, sendo de origem judaica, também celebrava a Páscoa anualmente junto com o povo. Realizava todos esses ritos fazendo memória da libertação do Egito. E foi celebrando as ações rituais da Páscoa judaica que, em sua última ceia, Jesus deu um novo sentido àquele RITO, agora não significando mais a libertação do Egito, mas o tornando uma prefiguração do que aconteceria: sua morte e ressurreição, a sua passagem da morte para a vida. A Páscoa celebrada pelos cristãos, a partir de então, é para fazer memória desse acontecimento, como veremos mais adiante no final desta etapa da catequese.

Oração final: O catequista convida os catequizandos a ficarem em pé ao redor da Mesa da Palavra para fazerem preces e louvores. Reza o Pai-nosso e conclui com a oração:

> *Pai, que desde o princípio tinha um Projeto de Salvação para a humanidade e que, por amor, sacrificou o próprio Filho para nos salvar, pedimos que um dia possamos renunciar nossa própria vida pela construção do Reino. Por Cristo, nosso Senhor. Amém.*

Após a oração, o catequista impõe as mãos sobre a cabeça de cada catequizando e traça o sinal da cruz em sua fronte, dizendo: "cumpra sempre a vontade do Pai, ...N..., vai em paz e que Senhor o acompanhe!".

Material de apoio

Recomendam-se os livros:

FRISLIN, Fairo. **Hagadá de Pêssach**. 12. ed. São Paulo: Sêfer, 2011.

GIRAUDO, Cesare. **Num Só Corpo**: Tratado Mistagógico sobre a Eucaristia. São Paulo: Loyola, 2003. (Ler especialmente o capítulo 4, páginas 95-126.)

Alguns dos símbolos presentes numa mesa de Sêder

Água salgada
Lembra as lágrimas que os escravos hebreus verteram ao não terem liberdade de decisão e de credo. Hoje, muitos dos seres humanos ainda choram pelos diversos tipos de escravidão aos quais são submetidos e por não conseguirem alcançar a tão sonhada liberdade.

Chorosset
Massa geralmente preparada com maçãs e nozes ou tâmaras. Sua cor lembra a argila com a qual os escravos hebreus fabricavam tijolos para os egípcios construírem seus monumentos.

Ervas amargas
Lembram as amarguras de um povo escravo. Em nossos dias, devem lembrar que há povos que ainda vivem sob diversos tipos de amargura.

Matzá (pão ázimo; pão sem fermento)
Composto de farinha em forma de bolacha, não contendo fermento e assado rapidamente, lembra o povo hebreu que não teve tempo para assar seu pão no momento da saída do Egito. É o alimento da mesa judaica durante os dias de Pessach, substituindo o pão fermentado.

Ossos de um carneiro queimado ("Zroa" em hebraico)
Lembram o sacrifício de um carneiro feito na véspera da última das dez pragas no Egito. Do carneiro foi utilizado o sangue, com o qual foi feito um sinal nas portas das cabanas dos escravos hebreus, de forma que o Anjo da Morte não levasse seus filhos primogênitos, mas só o fizesse com os egípcios que não os deixavam partir.

Ovo cozido ("Beitzah" em hebraico)
Recorda ao povo judeu que quanto mais se é oprimido ou afligido, como ocorreu no Egito, mais fortalecido e numeroso se torna. Assim é o ovo, quanto mais se coze, mais duro se torna. Ainda, sendo o ovo um objeto redondo, lembra que a vida humana é formada de altos e baixos.

O Sêder Pascal (Páscoa Judaica)

DISPOSIÇÃO DA MESA E DOS ALIMENTOS E SEU SIMBOLISMO

Prepara-se a mesa da seguinte forma no Sêder:

▹ Uma bandeja no centro, onde se colocam três Matzot (pães ázimos) representando os três grupos judeus: Cohanim, Leviim e Israel.

▹ Ao lado desses Matzot, colocam-se alguns símbolos:

1. Na parte superior, à direita da bandeja, coloca-se Zeroá (pedaço de osso do cordeiro ou ovelha), simbolizando o poder com que Deus nos tirou do Egito e o cordeiro pascal, sacrificado no Templo.

2. Na parte superior, à esquerda da bandeja, coloca-se o Betsá (ovo cozido), que simboliza o sacrifício oferecido em cada festividade. Um dos inúmeros significados relacionados ao ovo colocado na travessa do sêder é o de que, quanto mais o povo é oprimido ou afligido, como ocorreu no Egito, mais fortalecido e numeroso se torna.

3. No centro da bandeja é colocado o Marór (erva amarga), simbolizando o sofrimento dos judeus escravos no Egito. Usa-se a escarola por ser uma verdura amarga.

4. Na parte inferior, à direita da bandeja, coloca-se o Charósset (mistura de nozes, amêndoas, tâmaras, canela e vinho) que representa a argamassa com a qual os judeus trabalhavam na construção das edificações do Faraó.

5. Embaixo, à esquerda, é colocado a Karpás (salsão e verdura molhados em vinagre ou água salgada) que serve para dar o "sabor" do Êxodo, recordando o hissopo (Ezov) com o qual os israelitas aspergiram o sangue do cordeiro nos batentes de suas casas, antes da praga dos primogênitos.

6. Ainda, coloca-se na mesa um recipiente com água salgada, no qual se mergulham as verduras, lembrando o mar.

7. Além de tudo isso, coloca-se uma taça para cada um dos presentes.

13º Encontro

A Aliança e as Tábuas da Lei

Palavra inicial: Neste encontro queremos recordar os Dez Mandamentos dados por Deus ao seu povo, em sinal de aliança. Também refletiremos sobre os quarenta anos que o povo passou no deserto.

Preparando o ambiente: Ambão com toalha da cor do tempo litúrgico, Bíblia, flores, vela e imagem com as Tábuas da Lei, levando impressos os Dez Mandamentos.

Acolhida: O catequista acolhe os catequizandos saudando-os com o dizer "Deus nos deu dez mandamentos, ...N..., seja bem-vindo!".

Recordação da vida: Quando todos estiverem na sala do encontro, o catequista convida-os para se colocarem ao redor da Mesa da Partilha ou da Palavra, onde trarão presentes fatos e acontecimentos que marcaram a semana e a vida da comunidade.

NA MESA DA PALAVRA

Oração inicial: O catequista conduz a oração de maneira espontânea, podendo invocar o Espírito Santo.

Em seguida, o catequizando dirige-se ao ambão e proclama o texto bíblico.

Leitura do texto bíblico: Dt 5,1-22.

Depois de um momento de silêncio, o catequista lê o texto novamente, devagar, destacando alguns pontos.

O Senhor nosso Deus fez conosco uma aliança em Horeb. [...] Não terás outros deuses além de mim. [...] Não pronunciarás o nome do Senhor teu Deus em vão [...] Guarda o dia do sábado, santificando-o [...] Honra teu pai e tua mãe [...] Não matarás. Não cometerás adultério. Não furtarás. Não darás falso testemunho contra o próximo. Não desejarás a mulher do próximo. Não cobiçarás a casa do próximo...

O catequista convida a todos a sentarem ao redor da Mesa da Partilha.

NA MESA DA PARTILHA

Reconstruir com os catequizandos o texto bíblico. Depois, convidar a uma leitura silenciosa da passagem proclamada observando algum detalhe não comentado na reconstrução do texto. Se houver algo, todos podem partilhar.

O catequista reflete com os catequizandos sobre, depois que o povo saiu do Egito e começou a caminhar em busca da "terra prometida", muitos começarem a murmurar contra Moisés e contra Deus pela falta de água e alimento. Deus, em sua fidelidade ao longo do caminho, providencia água e alimentos (codornas, manás...) ao povo. Porém, o povo facilmente se esquece das maravilhas realizadas por Deus; as reclamações são sempre constantes, nunca está satisfeito...

O Senhor, na sua infinita paciência, chama Moisés ao alto da montanha e lhe entrega as tábuas com as leis, os Dez Mandamentos, chamados também de Decálogo – que significa literalmente "dez palavras". Os mandamentos são dados ao povo não como castigo, mas para que, ao cumpri-los, o povo tivesse vida plena e dignidade. As leis dadas por Deus servem para orientar a convivência entre o povo, valorizando a solidariedade e o amor ao próximo que estava facilmente se perdendo sob a pressão da situação.

As "dez palavras" reveladas por Deus são formuladas como mandamentos negativos, como proibições, ou ainda como orientações positivas ("honrai teu pai e tua mãe"), que em conjunto indicam as condições de uma vida liberta da escravidão do pecado. Nesse sentido, o caráter negativo, "não...", deve ser sempre lido e entendido não como algo ruim, restritivo ou proibitivo, mas como um caminho de vida: "se obedeceres aos mandamentos do Senhor teu Deus, que hoje te prescrevo, amando ao Senhor teu Deus, seguindo seus caminhos e guardando seus mandamentos, suas leis e seus decretos, viverás e te multiplicarás" (Dt 10,16).

Os mandamentos pronunciados por Deus no contexto de uma "teofania", ou seja, manifestação de Deus sobre a montanha, no meio do fogo, faz parte da Aliança selada por Ele com seu povo. A Aliança é um pacto entre duas partes (Deus e povo), no qual são esclarecidas as exigências e condições para que ambas, comprometendo-se a cumpri-las, possam selá-la. A Aliança é sempre iniciativa de Deus por amor ao seu povo.

O Decálogo expõe as exigências do amor a Deus e ao próximo. Os três primeiros mandamentos se referem mais ao amor a Deus enquanto os outros sete ao próximo. Os mandamentos estão estreitamente ligados, são inseparáveis. Cada mandamento remete aos outros, condicionam-se reciprocamente. Transgredir um mandamento é infringir todos os demais. Observar os mandamentos é condição essencial para o bem e a felicidade do homem.

Além da passagem de Deuteronômio que hoje lemos, o texto de Êxodo (20,2-17) também descreve o Decálogo. A Santa Mãe Igreja traduz as "dez palavras" em uma "fórmula catequética", facilitando a compreensão dos fiéis e ajudando-os a guardá-las na mente e no coração. O catequista mostra a imagem com as Tábuas da Lei, onde está impressa a fórmula catequética dos Dez Mandamentos (apresentada na sequência).

Formula catequética dos Dez Mandamentos

1 - Amar a Deus sobre todas as coisas.
2 - Não tomar seu santo nome em vão.
3 - Guardar domingos e festas de guarda.
4 - Honrar pai e mãe.
5 - Não matar.
6 - Não pecar contra a castidade.
7 - Não furtar.
8 - Não levantar falso testemunho.
9 - Não desejar a mulher do próximo.
10 - Não cobiçar as coisas alheias.

Perguntar aos catequizandos o que significa cada um destes mandamentos e como podemos colocá-los em prática. À medida que forem respondendo, o catequista explica, orienta e atualiza esse saber para a vivência na realidade de nossos dias.

OBSERVAÇÃO

Os parágrafos 2052 a 2557 do Catecismo da Igreja Católica poderão auxiliá-lo nessa dinâmica.

Conclusão: O catequista conclui comentando que as leis dadas por Deus não foram abolidas por Jesus, pelo contrário, Ele resgata o seu verdadeiro significado e valor. O resumo que Jesus faz dos mandamentos de forma positiva, "amar a Deus e ao próximo" (Mc 12,30-31), implica necessariamente a observância de todo o Decálogo para ser cumprido. Portanto, os Dez Mandamentos devem estar presentes, memorizados (decorados) em nossas mentes e corações para podermos observá-los em nosso dia a dia.

Oração final: O catequista convida os catequizandos a ficarem em pé ao redor da Mesa da Palavra e os incentiva a formularem orações e preces. Poderá rezar o Pai-nosso e concluir com a oração:

> *Senhor Deus, que nos destes os Dez Mandamentos para que tenhamos vida e dignidade, ajudai-nos a observá-los sendo verdadeiras testemunhas e construtores do teu Reino. Por Cristo, nosso Senhor. Amém.*

Após a oração, o catequista impõe as mãos sobre a cabeça de cada catequizando e traça o sinal da cruz em sua fronte, dizendo: "ame a Deus e ao seu próximo, ...N..., vai em paz e que o Senhor o acompanhe! Amém".

Material de apoio

Aprofundar o tema nos parágrafos 2052 a 2557 do **Catecismo da Igreja Católica** (CIC).

14º Encontro

A terra prometida e a constituição das doze tribos

Palavra inicial: Neste encontro, queremos refletir sobre a terra prometida que corre leite e mel, a região em que o povo se estabeleceu depois da longa caminhada pelo deserto.

Preparando o ambiente: Ambão com toalha da cor do tempo litúrgico, Bíblia, vela e flores. Mapa da região de Canaã, hoje estado de Israel, para ilustrar o encontro.

Acolhida: O catequista acolhe os catequizandos saudando-os com o dizer "a terra que corre leite e mel depende de você, ...N..., seja bem-vindo!".

Recordação da vida: Quando todos estiverem na sala de encontro, colocam-se ao redor da Mesa da Partilha ou da Palavra. Em clima de oração, o catequista motiva a recordar fatos e acontecimentos que marcaram a semana.

NA MESA DA PALAVRA

Oração inicial: O catequista conduz a oração invocando o Espírito Santo, rezando ou cantando.

Um catequizando aproxima-se do ambão e proclama o texto indicado.

Leitura do texto bíblico: Js 1,1-9.

Depois de um momento de silêncio, o catequista lê o texto novamente, devagar, destacando alguns pontos.

> *Após a morte de Moisés [...] o Senhor disse a Josué [...] 'Agora prepara-te para atravessar o rio Jordão, tu e todo este povo, rumo à terra que eu dou aos israelitas. Eu vos dei todo lugar em que pisar a sola de vossos pés, conforme prometi a Moisés'.*

O catequista convida a todos a sentarem ao redor da Mesa da Partilha.

NA MESA DA PARTILHA

Reconstruir com os catequizandos o texto bíblico. Depois, convidá-los a uma leitura silenciosa da passagem proclamada observando algum detalhe não comentado na reconstrução do texto. Se houver algo, todos podem partilhar.

Após refletir com os catequizandos que o povo caminhou no deserto sob a liderança de Moisés por quarenta anos, destaque que muitas coisas aconteceram nesse tempo. Além das Tábuas da Lei com os Dez Mandamentos, Deus deu muitas outras orientações e guiou o povo. Pediu que se construísse a "Arca da Aliança" (cf. Ex 25,10-22), onde foram guardadas as Tábuas da Lei e a "tenda da reunião" (cf. Ex 26,1-30.33,7-11), local no qual a Arca era guardada e de onde Deus falava ao seu povo.

Enfim, após quarenta anos no deserto, Moisés cumpre a sua missão de libertar o povo e guiá-lo até a terra prometida. Moisés, porém, não chega a entrar nela, apenas a observa a distância (cf. Dt 34,1-12). Ele confia a Josué a entrada do povo naquela tão aguardada terra e descansa no Senhor.

Josué, que foi um fiel ajudante de Moisés, cumprindo as ordens e os mandamentos do Senhor, faz o povo chegar ao território por Deus prometido. As terras onde o povo se estabeleceu receberam, em épocas diferentes, três nomes: Canaã, Israel e Palestina.

Canaã era o nome dado à região quando o povo hebreu nela chegou. Depois o povo que saiu do Egito, e ao longo do tempo uniu-se a diversos outros grupos e famílias, invade Canaã e ali se organiza em tribos. Essa união de diversos grupos que se estabeleceram de maneira estável em Canaã fez com que a região recebesse o nome de Israel.

Israel é organizada por doze tribos, compostas por famílias agrupadas em associações protetoras a fim de ajudarem economicamente umas às outras e defenderem-se de ataques inimigos. Juntas, também praticavam a religião ao único Deus verdadeiro: o Deus que os libertou da escravidão.

A terra prometida, chamada agora de Israel, era constituída por doze tribos, "as doze tribos de Israel", que procuravam aplicar à vida comunitária a participação, partilha, fraternidade, justiça e liberdade. Ninguém exploraria ninguém, e juntas viveriam em dignidade e solidariedade.

Nesse momento, o catequista pode mostrar o mapa da formação das doze tribos no Antigo Testamento, comentando que existia ainda a tribo de Levi, os levitas, que não tinha um território fixo, mas era responsável por percorrer todas as tribos promovendo a fé e o ensinamento do Senhor.

O catequista poderá questionar sobre o que torna uma terra lugar de justiça e fraternidade, uma terra que "corre leite e mel". Poderá dizer que toda terra é igual e o que a torna especial é a atitude do povo que nela habita. Aquele povo havia sofrido, estava ferido com a exploração. Isso fez nascer um ideal de vida. Caminhou, ainda, por quarenta anos no deserto... Esse tempo foi necessário para que Deus o curasse e educasse a viver em harmonia. Deus, ao mostrar o seu amor, fez com que o povo também amasse.

Conclusão: Concluir dizendo que as doze tribos tornaram-se símbolo do povo escolhido e formado por Abraão. Ainda que não tivesse o mesmo sangue, todos se sentiam uma só família, unida pelos mesmos ideais e por ter a fé no único Deus libertador. São conhecidos também como as doze tribos de Jacó, recordando os doze filhos que Jacó teve e que, depois da divisão e ciúmes, se reconciliaram formando uma só família. Por fim, depois de inúmeros anos, Israel é dominada por outros povos e recebe o nome de Palestina. Nos próximos encontros continuaremos a ver como foi a vida do povo em Israel.

Oração final: Convidar os catequizandos a ficarem em pé ao redor da Mesa da Palavra e, de mãos dadas em sinal de unidade, rezar o Pai-nosso. Concluir com a oração:

Senhor, Pai Santo, que a cada dia nos ensina a viver em fraternidade e unidade, que com nosso exemplo e amor possamos construir uma sociedade mais justa e fraterna, formando um só povo que o louva e adora. Por Cristo, nosso Senhor. Amém.

Após a oração, o catequista impõe as mãos sobre a cabeça de cada catequizando e traça o sinal da cruz em sua fronte, dizendo: "somos uma só família, ...N..., vai em paz e que o Senhor o acompanhe! Amém".

Material de apoio

Recomenda-se o livro: BALANCIN, Euclides Martins. **História do povo de Deus**. São Paulo: Paulus, 1990.

15º Encontro

Juízes, Reis e Profetas

Palavra inicial: Neste encontro queremos fazer um breve resumo de toda a história do povo de Israel, falando do papel e da função dos juízes, reis e profetas na organização e constituição da sociedade.

Preparando o ambiente: Ambão com toalha da cor do tempo litúrgico, Bíblia e vela.

Acolhida: O catequista acolhe os catequizandos saudando-os com o dizer "Deus nos chama a segui-Lo, ...N..., seja bem-vindo!". Depois de conduzir a todos para dentro da sala, saúda-os mais uma vez, desejando-lhes boas-vindas.

Recordação da vida: Ao redor da Mesa da Partilha ou da Palavra, incentiva-os a fazer uma retrospectiva da semana. O catequista poderá perguntar sobre o encontro anterior, pedindo para que partilhem o que lhes marcou e para que comentem algo de seus registros no Diário. Poderão destacar, ainda, os acontecimentos importantes ocorridos na vida da comunidade.

NA MESA DA PALAVRA

Oração inicial: O catequista motiva a invocar o Espírito Santo, rezando ou cantando, e conclui com uma oração espontânea.

Um catequizando dirige-se ao ambão, onde proclama o texto bíblico.

Leitura do texto bíblico: 1Sm 7,15-8,1-5.

Depois de um momento de silêncio, o catequista lê o texto novamente, devagar, destacando alguns pontos.

> *Samuel exerceu as funções de Juiz sobre Israel durante toda a vida. [...] Todos os anciãos se Israel se reuniram, foram entrevistar-se com Samuel em Ramá e lhe disseram: 'Olha, tu estás velho e os teus filhos não seguem o teu exemplo. Portanto, estabelece-nos um rei, para que nos julgue!'*

O catequista convida a todos a sentarem ao redor da Mesa da Partilha.

NA MESA DA PARTILHA

Reconstruir o texto bíblico com os catequizandos. Depois, pedir para abrirem suas Bíblias na passagem proclamada e convidar a uma leitura silenciosa. O catequista poderá questioná-los sobre o que é ser o juiz e qual o seu papel.

O catequista, aproveitando-se de todas as contribuições, diz que, quando o povo se estabeleceu em Canaã e se organizou, nasceram as doze tribos de Israel, formando uma liga ou confederação que as representasse. Através de assembleias, adultos de todas as tribos se reuniam periodicamente para adorar a Deus e para produzir normas que orientassem o povo. Assim, instituíram juízes para uniformizar as leis de cada tribo, que pudessem julgar os conflitos e casos das comunidades. Existiam vários juízes que percorriam as tribos... Na leitura deste encontro conhecemos Samuel, que era um importante juiz para Israel e que, já em idade avançada, confia aos filhos a sua missão de julgar os conflitos das comunidades. Porém, seus filhos não são como Samuel, pois se deixaram corromper...

Aparecem então os anciãos, aqueles que representavam cada uma das tribos. Reunidos com Samuel, eles lhe pedem um rei para governá-los. Querem implantar a monarquia, palavra que significa "governo de uma só pessoa". O rei possuiria toda a autoridade em suas mãos, pois é quem faz as leis a serem observadas e, ao mesmo tempo, é o juiz que decide e dá a sentença.

Assim, Samuel unge o primeiro rei de Israel: Saul. Depois de Saul, muitos outros reis reinaram em Israel: Davi, Salomão, Jeroboão, Acab, Joás, Oseias...

Além dos juízes e reis, existiram ainda, até o tempo de Jesus, inúmeros profetas. Estes surgem durante o reinado de Salomão. Não que fossem inexistentes antes, mas agora surgem com uma característica específica, passando a influenciar a vida de todo o povo. São homens que, sem medo, falarão diretamente aos reis, ministros, sacerdotes e todas as classes, defendendo o povo sofrido. Os profetas têm liderança e credibilidade junto ao povo, têm coragem para enfrentar os donos do poder, são considerados "homens de Deus", "porta-vozes do Senhor". Os profetas eram responsáveis por não deixar o povo se desviar do caminho e dos mandamentos do Senhor. Quando isso acontecia, denunciava e lhes mostrava seus erros.

Muitos profetas são lembrados pelas Sagradas Escrituras: Elias, Eliseu, Amós, Oseias, Ageu, Zacarias, Isaias... até o último profeta do Antigo Testamento, João Batista, aquele que preparou os caminhos de Jesus.

Convém destacar que a história do povo hebreu é marcada por inúmeros acontecimentos, liderada e guiada por juízes e reis, fiéis e infiéis aos mandamentos do Senhor. Deus, na sua infinita bondade, nunca abandonou seu povo. Esteve sempre presente usando a voz dos profetas para fazê-lo voltar ao bom caminho e seguir seus ensinamentos, para que tivessem vida plena e digna.

Conclusão: O catequista poderá concluir dizendo que, hoje, Jesus deve ser o único rei e juiz de nossas vidas, o único a conduzir nossos caminhos e julgar nossa história. E que, fiéis ao seu mandato, devemos ser os profetas da atualidade, denunciando as injustiças e apontado o caminho para a salvação e vida plena que só Deus pode nos dar.

Oração Final: Ao redor da Mesa da Palavra, o catequista motiva os catequizandos a formularem preces e orações. Poderá encerrar com o Pai-nosso e com a oração:

Senhor nosso Deus, que cuida de cada um de nós com carinho de Pai e nos exorta à conversão, que possamos ser os profetas de nossos dias, anunciando sem medo a sua Palavra. Por Cristo, nosso Senhor. Amém.

Após a oração, o catequista impõe as mãos sobre a cabeça de cada catequizando e traça o sinal da cruz em sua fronte, dizendo: "Deus lhe chama a ser profeta, ...N..., vai em paz e que o Senhor o acompanhe! Amém".

Material de apoio

Recomenda-se o livro: BALANCIN, Euclides Martins. **História do povo de Deus**. São Paulo: Paulus, 1990.

16° Encontro

O exílio: a esperança do retorno

Palavra inicial: Neste encontro buscaremos refletir sobre os diversos povos que surgem e dominam Israel, bem como a esperança do povo levado para o exílio de um dia voltar e reconstruir o país.

Preparando o ambiente: Ambão com toalha da cor do tempo litúrgico, vela e Bíblia.

Acolhida: O catequista acolhe os catequizandos saudando-os carinhosamente com o dizer "nunca podemos perder a esperança, ...N..., seja bem-vindo!". Quando já estiverem na sala do encontro, convida-os a se colocarem ao redor da Mesa da Partilha ou da Palavra, onde faz a recordação da vida e oração inicial.

Recordação da vida: Neste momento, recordar fatos e acontecimentos que marcaram a vida dos catequizandos e da comunidade.

NA MESA DA PALAVRA

Oração inicial: O catequista, reunindo todos os acontecimentos da recordação da vida, motiva a oração invocando o Espírito Santo.

Um catequizando dirige-se ao ambão e proclama o texto bíblico.

Leitura do texto bíblico: 2Rs 18,9-12.

Depois de um momento de silêncio, o catequista lê o texto novamente, devagar, destacando alguns pontos.

> ...o rei Salmanasar da Assíria avançou contra Samaria e lhe pôs cerco. A cidade foi tomada ao final de três anos. [...] O Rei da Assíria deportou os israelitas para a Assíria [...] Isto aconteceu porque não tinham escutado a voz do Senhor seu Deus, transgredindo a aliança.

O catequista convida a todos a sentarem ao redor da Mesa da Partilha.

NA MESA DA PARTILHA

O catequista estimula os catequizandos a falarem o que entenderam do texto. Depois convida-os a uma leitura silenciosa da passagem proclamada, observando algum detalhe não comentado na reconstrução do texto. Se houver algo, todos podem partilhar.

O catequista poderá contextualizar dizendo que, no início da formação do povo de Israel, o Egito dominava toda a região e formava o grande império da época. Com a decadência progressiva do Egito, nenhuma outra grande potência surgiu ao longo de muitos anos. Assim, o povo de Israel viveu em paz por décadas, apenas administrando os conflitos internos entre as tribos e posteriormente a divisão do reino durante o soberania de Salomão, entre o Reino do Norte (Israel) e Reino do Sul (Judá).

Porém, a tranquilidade do povo de Israel terminou quando começaram a surgir novas potências, grandes impérios que dominavam os mais fracos e lhes forçavam a pagar tributos. Muitos dos líderes dos países que foram dominados viram-se forçados a irem para o exílio. Exílio ocorre quando você é obrigado a ir, ou é levado à força, para um lugar fora do seu país e da sua cultura.

No texto que hoje lemos vimos que o império Assírio invadiu e dominou o Reino de Israel (Reino do Norte), forçando muitos dos seus líderes, políticos e sacerdotes a irem para o exílio. Assim, o Reino de Israel (Norte) deixa de existir, e a região se torna uma colônia assíria. Ao longo de décadas o povo de Israel foi dominado por outras nações: assírios, babilônicos, persas, romanos...

O povo vê essas invasões e dominações como castigo de Deus por sua infidelidade. É o modo de Deus sanar pela raiz os desmandos e as injustiças cometidos. A invasão inimiga, portanto, era compreendida como a forma de Deus realizar seu último apelo de conversão, para que seu povo tomasse consciência de seus desvios e se convertesse.

No exílio, o povo relê a sua história, medita e reflete sobre todos os acontecimentos, propõe-se a mudar e, confiante mais uma vez, dirige-se ao Deus libertador. Quando estão desanimando ou perdendo a esperança, surgem os profetas que elevam o moral do povo e profetizam a libertação de Israel. No Antigo Testamento encontramos inúmeras profecias sobre Deus a enviar o Messias para libertar o seu povo.

Anos mais tarde, por volta de 538 a.C., o povo no exílio, agora dominado pelos persas, recebe a permissão de voltar à sua antiga pátria para reconstruir a comunidade segundo seus princípios e costumes, sobretudo para prestar culto ao Deus de seus pais. O povo que retorna a Israel não é mais a geração que saiu... Praticamente se compõe inteira de outra geração.

Porém, no exílio, o povo de Israel não se cansou de ouvir seus pais lhe falarem do Deus libertador, tampouco de ouvir as promessas feitas pelos profetas de que Deus interviria na história e lhes daria o libertado, o Messias.

Conclusão: O catequista conclui dizendo que, no próximo encontro, refletiremos sobre as promessas feitas pelos profetas envolvendo a vinda do Messias que libertaria o povo e instauraria novamente o reino de Israel. Desse encontro, porém, deve ficar em nossos corações a esperança que o povo teve. Reconheceu seus erros e, em nenhum instante, afastou-se de Deus. Confiaram plenamente em sua graça.

Oração final: O catequista convida os catequizandos a ficarem em pé ao redor da Mesa da Palavra para a oração final. Incentiva-os a formularem pedidos e preces, de modo especial pelos cristãos que sofrem perseguições. Pode-se rezar o Pai-nosso e concluir com a oração:

> *Ó Deus, fonte de toda a vida, queremos rezar por todos os povos e culturas que são perseguidos e explorados. Que o Senhor os sustente e os fortaleça na caminhada rumo ao Reino definitivo. Por Cristo, nosso Senhor. Amém.*

Após a oração, o catequista impõe as mãos sobre a cabeça de cada catequizando e traça o sinal da cruz em sua fronte, dizendo: "Deus é nossa esperança, ...N..., vai em paz e que o Senhor o acompanhe!".

Material de apoio

Recomenda-se o livro: BALANCIN, Euclides Martins. **História do povo de Deus**. São Paulo: Paulus, 1990.

17° Encontro

O Messias esperado

Palavra inicial: Neste encontro queremos trabalhar as profecias da vinda do Messias, o que o povo de Israel acreditava e esperava. No tempo oportuno, Deus enviará seu Filho único.

Preparando o ambiente: Ambão com toalha da cor do tempo litúrgico, Bíblia, vela e flores.

Acolhida: O catequista acolhe os catequizandos saudando-os com o dizer "Jesus voltará, ...N..., seja bem-vindo!". Depois de conduzi-los para dentro da sala, saúda a todos mais uma vez, desejando-lhes boas-vindas.

Recordação da vida: Ao redor da Mesa da Partilha ou da Palavra, o catequista motiva os catequizandos a fazerem um momento de recordação da vida, destacando fatos e acontecimentos que marcaram a vida da comunidade.

NA MESA DA PALAVRA

Oração inicial: O catequista motiva a oração inicial de maneira espontânea e, depois, convida a todos para invocar o Espírito Santo rezando ou cantando.

O catequista convida a cantar aclamando o santo Evangelho. Em seguida, um catequizando dirige-se ao ambão e proclama o texto bíblico.

Leitura do texto bíblico: Mc 1,2-8.

Depois de um momento de silêncio, o catequista lê o texto novamente, devagar, destacando alguns pontos.

Como está escrito no profeta Isaías: Eis que envio o meu mensageiro à tua frente; ele preparará o teu caminho. [...] E pregava dizendo: 'Depois de mim, vem um mais forte do que eu. Diante dele nem sou digno de abaixar-me e desatar a correia das suas sandálias.'

O catequista convida a todos a sentarem ao redor da Mesa da Partilha.

NA MESA DA PARTILHA

Ao redor da Mesa da Partilha, os catequizandos reconstroem o texto bíblico. Deixar que falem. Depois, convidá-los a uma leitura silenciosa observando algum detalhe não comentado na reconstrução do texto. Se houver algo, todos podem partilhar.

O catequista comenta que o povo de Israel, de modo especial quando estava sendo perseguido ou sofrendo, como no caso do exílio que vimos no encontro passado, era animado pelos profetas a não perder a esperança. Esses profetas eram, para o povo, a voz de Deus que os exortava a não desviarem seus caminhos e os convidava a se manterem fiéis aos mandamentos do Senhor.

Os profetas anunciavam a vinda do Messias em suas exortações, ou seja, a chegada de um enviado por Deus para libertar seu povo, reconstruir o reino de Israel e trazer a paz. A palavra "Messias" significa ungido. O catequista poderá pedir para que alguns catequizandos leiam passagens do Antigo Testamento relacionadas às profecias do Messias: Is 9,5-6; Mq 5,1-5; Zc 9,9-10.

Comentar que esses são alguns exemplos do Antigo Testamento relacionados à vinda do Messias, e que nós cristãos, após a ressurreição de Jesus, atribuímos a essas profecias a função de anunciar a sua chegada e missão. Portanto, para nós, o Messias é Jesus Cristo, o enviado do Pai para nos libertar.

O catequista poderá explicar, então, que o texto do Evangelho proclamado fala de João Batista, primo de Jesus, filho de Zacarias (sacerdote do templo) e de Isabel. João Batista é o último profeta do Antigo Testamento. Ele é quem faz as últimas profecias sobre o Messias. Ele é o enviado por Deus para preparar os caminhos de Jesus. João é o único profeta a conhecer o Messias.

Conclusão: O catequista conclui comentando que o povo judeu, confiante, esperava o Messias, de modo especial nos tempos de sofrimento. Por isso essas profecias eram recordadas para fazer com que o povo não desanimasse nem perdesse a esperança. Os cristãos reconhecem Jesus como o ungido do Pai, como o Messias esperado. João foi aquele que anunciou, preparou os caminhos, conheceu e batizou o autor do Batismo, Jesus Cristo.

A exemplo de João, hoje somos chamados a anunciar a Boa Nova de Jesus e a preparar os caminhos para a sua segunda vinda. A vinda escatológica. O catequista poderá questionar aos catequizandos de que maneira podemos preparar os caminhos de Jesus na atualidade. Após ouvi-los e fazer as observações necessárias, convidar a todos para a oração final.

Oração final: Ao redor da Mesa da Palavra, o catequista motiva os catequizandos a formularem orações e preces a Deus Pai. Depois, o catequista conclui com o Pai-nosso e com a oração:

Deus de bondade, que conhece os limites e as dores da humanidade, ajudai-nos a enxergar em Jesus o Messias esperado e Nele colocar toda a nossa esperança, sendo no mundo sinais de sua presença. Por Cristo, nosso Senhor. Amém.

Após a oração, o catequista impõe as mãos sobre a cabeça de cada catequizando e traça o sinal da cruz em sua fronte, dizendo: "Jesus nos envia a preparar seus caminhos, ...N...,vai em paz e que o Senhor o acompanhe!".

18° Encontro

Deus escolhe uma mulher

Palavra inicial: Neste encontro queremos mostrar que, para cumprir seu projeto, Deus escolhe uma mulher: Maria. Com seu "sim" e sua fidelidade, Maria torna-se *teófora* (portadora de Deus).

Preparando o ambiente: Ambão com toalha da cor do tempo litúrgico, Bíblia, vela, flores e estola.

Acolhida: O catequista acolhe os catequizandos saudando-os com o dizer "Deus nos chama a servir, ...N..., seja bem-vindo!", e conduzindo-os para dentro da sala.

Recordação da vida: Ao redor da Mesa da Partilha ou da Palavra, os catequizandos farão uma retrospectiva da semana. O catequista poderá perguntar sobre o encontro anterior. Poderão destacar, ainda, os acontecimentos importantes que possam ter ocorrido na vida da comunidade.

NA MESA DA PALAVRA

Oração inicial: Valorizando todos os elementos trazidos durante a recordação da vida, o catequista inicia a oração invocando o Espírito Santo, cantando ou rezando.

O catequista poderá convidar a todos para cantar aclamando o santo Evangelho e, em seguida, um catequizando dirige-se ao ambão e proclama o texto bíblico.

Leitura do texto bíblico: Lc 1,26-45.

Depois de um momento de silêncio, o catequista lê o texto novamente, devagar, destacando alguns pontos.

> *...o anjo lhe falou: 'não tenhas medo, Maria, porque encontrastes graça diante de Deus. Eis que conceberás e darás à luz um filho' [...] Naqueles dias Maria se pôs a caminho e foi apressadamente às montanhas para uma cidade de Judá. Entrou na casa de Zacarias e saudou Isabel. Aconteceu que, mal Isabel ouviu a saudação de Maria, a criança saltou em seu ventre e Isabel, cheia do Espírito Santo, exclamou em voz alta: 'Bendita és tu entre as mulheres...'*

O catequista convida a todos a sentarem ao redor da Mesa da Partilha.

NA MESA DA PARTILHA

Deixar que os catequizandos falem o que cada um entendeu sobre o texto. Depois, pedir para abrirem suas Bíblias na passagem proclamada e convidar a uma leitura silenciosa, observando algum detalhe não comentado na reconstrução do texto.

Comentar que as profecias sobre o Messias, anunciadas pelos profetas do Antigo Testamento, agora se cumprem com a escolha e o "sim" de Maria. Deus, continuando seu Plano de Amor e Salvação, envia o anjo Gabriel até Maria, uma jovem prometida em casamento a um homem chamado José.

Maria escuta atentamente as palavras do anjo e, mesmo não sabendo como tudo aconteceria, confia no projeto de Deus e diz seu "sim". O anjo também lhe diz que sua prima Isabel, esposa de Zacarias, estéril e idosa, conceberia e daria à luz um filho: João Batista (cf. Lc 1,5-25). Maria, mais do que depressa, se coloca a caminho e vai ao encontro de Isabel.

O catequista poderá questionar os catequizandos sobre o porquê de Maria visitar Isabel, qual o intuito desse encontro. Depois de ouvi-los, o catequista explica que, à primeira vista, podemos entender que Maria está disposta a ajudar Isabel nos afazeres domésticos. Porém, podemos nos questionar ainda que é após acabar de dar à luz que uma mulher mais precisa de ajuda, mas Maria retorna, vai embora. Isso significa que a intenção dela não era simplesmente ajudar Isabel nos afazeres da casa, pois qualquer um poderia fazer isso. Os próprios vizinhos poderiam auxiliá-la. O papel de Maria é muito maior.

Quando Maria diz o seu "sim", ela torna-se teófora, ou seja, portadora de Deus. Maria vai ao encontro de sua prima, pois, diante dos acontecimentos, está sem compreender todo o projeto de Deus na sua vida. Sua prima era estéril e agora estava grávida, era idosa e seu marido mudo. Isabel com certeza precisava compreender todos esses últimos acontecimentos. Maria, então, ao ir ao seu encontro, torna-se resposta e ocasião de cura para Isabel.

Maria torna-se portadora da Boa Notícia, portadora de Deus para a sua prima. A sua simples presença dá à Isabel todas as respostas de que necessita. Isso porque Maria carregava em seu seio o Filho de Deus, Jesus Cristo. Hoje também somos chamados a gerar Jesus em nossas vidas e, a exemplo de Maria, ser portadores de Deus na vida de tantas pessoas que estão sofrendo, sem esperança.

Por fim, o catequista poderá questionar aos catequizandos de que maneira podemos levar Deus às pessoas que necessitam.

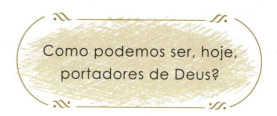

Como podemos ser, hoje, portadores de Deus?

Conclusão: O catequista poderá perguntar aos catequizandos se conhecem alguém que precisa de uma visita, que esteja doente ou desanimado. Poderá propor um gesto concreto para o próximo encontro: visitar uma família ou instituição e ali promover um momento de oração, rezando e partilhando a Palavra de Deus.

Oração final: O catequista convida a se colocarem ao redor da Mesa da Palavra, onde incentiva os catequizandos a agradecerem a Deus por todos os que doam suas vidas pelo anúncio da Palavra.

Convida também a elevarem preces para que Deus os ajude a dar seu "sim" a cada dia, a exemplo de Maria. No final, poderá rezar o Pai-nosso e concluir com a oração:

Senhor, louvamos por todos que abandonam suas vidas e se colocam inteiramente a serviço do Evangelho. Ajudai também a nós para sermos sinal de sua presença a todos os necessitados. Por Cristo, nosso Senhor. Amém.

Após a oração, o catequista impõe as mãos sobre a cabeça de cada catequizando e traça o sinal da cruz em sua fronte, dizendo: "...N..., Deus tem um plano para você, vai em paz e que o Senhor o acompanhe! Amém".

OBSERVAÇÃO

O catequista poderá escolher o local para a visita e agendar dia e horário previamente. No final do encontro, é viável apenas comunicar aos catequizandos de que o encontro da próxima semana dará lugar à visita.

Portadores de Deus
(visita)

Palavra inicial: Este encontro consiste em uma visita a uma família ou instituição, onde será promovido um momento de oração. A experiência levará os catequizandos a serem portadores de Deus, indo ao encontro dos que mais necessitam.

Previamente preparar um roteiro de oração, com cantos e leitura bíblica que possam ser partilhados (leitura orante) de acordo com a realidade do local que será visitado.

Outros grupos poderão ser convidados para auxiliar nesta visita.

Encarnação: Deus se faz homem

Palavra inicial: Neste encontro refletiremos sobre a encarnação do Verbo. Deus, que se faz homem, se revela, se faz um de nós.

Preparando o ambiente: Ambão com toalha da cor do tempo litúrgico, Bíblia, vela e flores. Imagem de Nossa Senhora com o menino Jesus no colo.

Acolhida: O catequista acolhe os catequizandos saudando-os com o dizer "o Verbo se fez carne, ...N..., seja bem-vindo!". Então os conduz para dentro da sala.

Recordação da vida: Todos se colocam ao redor da Mesa da Partilha ou da Palavra para fazer uma retrospectiva da semana, destacando os acontecimentos importantes na vida da comunidade. Poderão recordar, ainda, como foi a experiência de serem portadores de Deus na visita realizada.

NA MESA DA PALAVRA

Oração inicial: O catequista deverá motivar a oração de maneira simples e mais espontânea possível. Poderá invocar o Espírito Santo com um canto ou uma oração.

Um catequizando aproxima-se do ambão e proclama o texto indicado. Antes, porém, o catequista poderá convidar a todos para cantar aclamando o santo Evangelho.

Leitura do texto bíblico: Jo 1,1-18.

Depois de um momento de silêncio, o catequista lê o texto novamente, devagar, destacando alguns pontos.

> *No princípio era a Palavra e a Palavra estava com Deus, e a Palavra era Deus. [...] E a Palavra se fez carne e habitou entre nós; vimos a sua glória, a glória de Filho único do Pai, cheio de graça e verdade...*

O catequista convida a todos a sentarem ao redor da Mesa da Partilha.

NA MESA DA PARTILHA

Pedir para os catequizandos abrirem suas Bíblias no texto proclamado para uma leitura silenciosa. Depois reconstruir o texto bíblico, perguntando o que compreenderam e quem é o Verbo mencionado na leitura.

Após ouvir cada um, refletir com os catequizandos o texto bíblico dizendo que o "prólogo" com que João inicia seu Evangelho recorda os primeiros versículos de Gênesis, que narram o começo da criação do mundo. Quer mostrar que Jesus é o Filho amado do Pai, que já existia antes da criação do mundo. A humanidade foi criada à sua imagem e semelhança, pois o Filho é a imagem do Pai, e o Pai se vê totalmente no Filho. João ainda quer indicar que Jesus é o início de uma nova criação, daqueles que foram redimidos pelo seu sangue na cruz.

Jesus, a Palavra do Pai, encarna e se faz homem, habita em nosso meio. Jesus faz morada junto à humanidade. Cristo é agora a presença de Deus no mundo para os que nele creem. A Deus Pai ninguém viu, mas o conhecemos vendo o Filho.

Celebrar a encarnação de Jesus é acreditar que a humanidade já não caminha guiando-se apenas por pequenas manifestações de Deus, mas pelo próprio Jesus, manifestação total Dele. Em Jesus tornamo-nos todos filhos de Deus. Diz o Prefácio do Natal III: "Por ele, realiza-se hoje o maravilhoso encontro que nos dá vida nova em plenitude. No momento em que vosso Filho assume nossa fraqueza, a natureza humana recebe uma incomparável dignidade: ao tornar-se ele um de nós, nós nos tornamos eternos"[6].

Na solenidade do Natal, celebramos a encarnação do Verbo, da Palavra do Pai. Não devemos cantar parabéns a Jesus, pois na liturgia não celebramos seu aniversário, mas sua encarnação.

O catequista poderá dizer, ainda, que os Evangelhos não narram o dia em que Jesus nasceu, mas afirmam que, desde o século IV, a Igreja celebra esse importante acontecimento em 25 de dezembro. Isso porque, no Oriente, esse é o dia em que o sol começa a brilhar por mais tempo. Antes disso, as noites frias do inverno prevaleciam. Sendo Jesus "a luz do mundo" (Jo 9,5) e "o sol que nasce do alto para iluminar os que vivem nas trevas e na sombra da morte" (Lc 1), considerou-se oportuno fazer memória do nascimento de Jesus na data. Ainda nessa data, comemorava-se a festa pagã do "deus Sol". Os cristãos entenderam que Jesus é o nosso sol, que nos ilumina e dissipa todas as trevas das nossas vidas. A festa pagã é cristificada e torna-se momento oportuno para acolher Jesus que nasce no coração de cada um de nós.

Em Jesus se dá a revelação total do Projeto Salvífico de Deus Pai, e o Pai nele se faz conhecer. Jesus é o princípio e o fim de todas as coisas. Porém, essa Luz que veio habitar entre a escuridão não foi reconhecida por muitos... Na simplicidade Deus se revela, e na pobreza confunde a lógica humana.

Conclusão: O catequista poderá pedir aos catequizandos que, em um instante de silêncio, pensem como podemos acolher Jesus em nossas vidas hoje, fazendo com que Ele encarne em nós, sendo o nosso sol a iluminar todas as situações. Depois, pedir para que partilhem.

Oração final: O catequista convida a todos para se colocarem ao redor da Mesa da Palavra e elevarem preces e louvores a Deus. Ao final, rezar o Pai-nosso e concluir com a oração:

> *Deus, Pai bondoso, olhai pelos vossos filhos e filhas para que encontrem em vosso Filho a luz para iluminar e guiar suas vidas. Por Cristo, nosso Senhor. Amém.*

Após a oração, o catequista impõe as mãos sobre a cabeça de cada catequizando e traça o sinal da cruz em sua fronte, dizendo: "Jesus é o nosso sol, ...N..., vai em paz e que o Senhor ilumine o seu caminho! Amém".

---

[6] Missal Romano. **Prefácio do Natal III**. São Paulo: Paulus, 1992, p. 412.

21° Encontro

São José, o homem justo

Palavra inicial: Neste encontro pretende-se refletir sobre a figura de José, um homem justo, buscando na Sagrada Escritura o conceito de justiça e seu importante papel no Projeto de Salvação. Ainda, observar na Igreja a devoção a São José e sua veneração.

Preparando o ambiente: Ambão com toalha da cor do tempo litúrgico, Bíblia, flores, vela e imagem de São José.

Acolhida: O catequista acolhe os catequizandos saudando-os com o dizer "sede justo como São José, ...N..., seja bem-vindo!".

Recordação da vida: Quando todos estiverem na sala do encontro, o catequista convida-os para se colocarem ao redor da Mesa da Partilha ou da Palavra, onde trarão presentes fatos e acontecimentos que marcaram a semana e a vida da comunidade. O catequista recorda, ainda, o que foi abordado no último encontro.

NA MESA DA PALAVRA

Oração inicial: Motivar a oração de maneira espontânea, convidando para invocar o Espírito Santo com um canto no final.

O catequista convida a todos a cantarem aclamando o santo Evangelho. Em seguida, o catequizando dirige-se ao ambão e proclama o texto bíblico.

Leitura do texto bíblico: Mt 1,18-25.

Depois de um momento de silêncio, o catequista lê o texto novamente, devagar, destacando alguns pontos.

> *...José, seu marido, sendo um homem justo e não querendo denunciá-la, resolveu abandoná-la em segredo. [...] um anjo do Senhor lhe apareceu em sonho e disse: 'José filho de Davi não tenhas medo de receber Maria, tua esposa, pois o que nela foi gerado vem do Espírito Santo.' [...] Quando acordou, José fez como o anjo do Senhor lhe tinha mandado e aceitou sua mulher...*

O catequista convida a todos a sentarem ao redor da Mesa da Partilha.

NA MESA DA PARTILHA

Reconstruir com os catequizandos o texto bíblico. Depois, convidar a uma leitura silenciosa da passagem proclamada, observando algum detalhe não comentado na reconstrução do texto. Se houver algo, todos podem partilhar.

O catequista poderá perguntar aos catequizandos quem foi São José e o que sabem sobre ele. Depois de ouvi-los, refletir dizendo que São José é pouco citado na Sagrada Escritura. Apenas nos Evangelhos de Lucas e Mateus encontramos referências diretas a ele.

O catequista continua dizendo que José é esposo de Maria e pai adotivo de Jesus. Ele era judeu, nascido em Belém de Judá, a cidade do rei Davi. Era carpinteiro e seu nome significa "aquele que reúne". José era um homem de caráter e digno de seu apelido, "o justo", dada a sua fidelidade às leis e aos ensinamentos do Senhor. O texto bíblico que hoje lemos identifica José da mesma forma: "José, seu marido, sendo um homem justo" (Mt 1,19a). Tão somente com essa descrição, a Bíblia nos apresenta o pai de Jesus. Sendo assim, se queremos conhecer quem foi José, precisamos compreender o significado da palavra *justo*.

No vocabulário hebraico, "justo" é usado para designar aquele que é temente a Deus e ao sagrado, que ouve e pratica a Palavra, que guarda os mandamentos e mantém-se fiel à lei. José, porém, ao observar fielmente as leis criadas pela religião da época, ia além do que a cultura predizia na época. Isso pode ser observado em sua atitude quando descobre que Maria estava grávida. Sabendo que a criança não era sua, e desconhecendo ter sido concebida por ação do Espírito Santo, José planejou separar-se de Maria de acordo com a lei, mas pretendia fazê-lo silenciosamente, pois temia pela segurança e pelo sofrimento dela e do bebê. Isso porque, àquela época, as mulheres acusadas de adultério poderiam ser apedrejadas até a morte. José era justo a ponto de colocar a vida de Maria acima da lei (Mt 1,19-25). Nessa atitude contempla-se a justiça de José, sua fé e obediência a Deus.

O anjo, então, aparece a José em um sonho e conta-lhe a verdade sobre a criança que Maria estava carregando. José imediatamente, sem questionar, assumiu Maria como esposa e se mostrou responsável, companheiro e pai. Fugiu para o Egito, por causa da perseguição, para proteger Maria e Jesus que acabava de nascer (Lc 2,13-23). Escutou Deus através da voz do anjo que, em sonho, dava-lhe as orientações necessárias para garantir a segurança de sua esposa e de seu filho adotivo. Foi perseverante, não desistindo em nenhum momento. Por isso, é digno de ser chamado "o justo".

A Igreja reconhece a paternidade de José e Maria como modelo para todas as famílias, pois ambos foram fiéis à missão dada por Deus. Cuidaram e educaram Jesus para a vida, lhe ensinaram a observar e praticar a vontade e os mandamentos de Deus. São José, portanto, é um pai bondoso e exemplar simplesmente porque acreditou e esperou na providência de Deus em todos os momentos de sua vida.

São José é conhecido também como uma pessoa do silêncio, da justiça e da caridade, patrono da família, dos esposos, dos homens, dos trabalhadores e dos moribundos, além de ser o patrono da Igreja Universal. Na liturgia, celebramos sua memória em duas datas: 19 de março e 1 de maio sob o título de "São José Operário".

Conclusão: Para colaborar em seu Plano de Amor, Deus chama pessoas simples e humildes, como o justo José. A exemplo dele, devemos também ouvir a Palavra do Senhor e seus divinos ensinamentos, colocando o amor e a misericórdia acima de qualquer situação. Que possamos rezar a São José, pedindo que olhe por cada um de nós, intercedendo para que um dia possamos estar na glória junto à Sagrada Família.

Oração final: O catequista convida os catequizandos a ficarem em pé ao redor da Mesa da Palavra para formularem orações e preces, de modo especial pedindo a intercessão de São José. No final, poderá rezar o Pai-nosso e concluir com a oração:

Senhor Deus, que chamastes o justo José para ser o pai adotivo de Jesus, a seu exemplo, ajudai-nos a viver na humildade e simplicidade, atentos à sua Palavra e aos seus mandamentos. Por Cristo, nosso Senhor. Amém.

Após a oração, o catequista impõe as mãos sobre a cabeça de cada catequizando e traça o sinal da cruz em sua fronte, dizendo: "sede justo como José, ...N..., vai em paz e que o Senhor o acompanhe! Amém".

Material de apoio

Ler os números 17 a 21 da **Exortação Apostólica "Redemptoris Custos"**, do Sumo Pontífice João Paulo II, sobre a figura e a missão de São José na vida de Cristo e da Igreja.

22º Encontro — Os três magos e os presentes

Palavra inicial: Meditar quem eram os magos e o que representam, bem como o significado dos presentes levados ao menino Jesus.

Preparando o ambiente: Ambão com toalha da cor do tempo litúrgico, Bíblia, vela, flores e, se possível, as imagens ou a figura com os três "reis magos" e seus presentes (ouro, incenso e mirra).

Acolhida: O catequista acolhe os catequizandos com o dizer *"ide também ao encontro de Jesus, ...N..., seja bem-vindo!"*, ou outro semelhante.

Recordação da vida: Ao redor da Mesa da Partilha ou da Palavra, lembrar fatos e acontecimentos que marcaram a semana.

NA MESA DA PALAVRA

Oração inicial: Convidar a todos para invocar o Espírito Santo cantando ou rezando. Concluir com uma oração espontânea.

O catequista convida um catequizando para se dirigir até o ambão e proclamar o texto indicado. Antes, porém, todos poderão cantar aclamando o santo Evangelho.

Leitura do texto bíblico: Mt 2,1-12.

Em seguida, o catequista lê a passagem novamente, desta vez pausadamente, com destaque a alguns pontos do texto:

> *Tendo nascido Jesus em Belém da Judeia no tempo do rei Herodes, alguns magos do Oriente [...] Quando viram a estrela, encheram-se de grande alegria. Ao entrar na casa, viram o menino com Maria, sua mãe; e, prostrando-se, o adoraram. Abriram seus cofres e lhe ofereceram presentes, ouro, incenso e mirra.*

O catequista convida a todos a sentarem ao redor da Mesa da Partilha.

NA MESA DA PARTILHA

Solicitar que os catequizandos reconstruam o texto bíblico e expressem o que entenderam. Depois, pedir para que releiam a passagem individualmente. O catequista poderá incentivá-los a partilhar o que o texto disse a cada um, de modo especial o que sabem dizer ou se já ouviram falar dos magos do Oriente, popularmente conhecidos como "os três reis magos".

Logo após, aprofundar a passagem bíblica dizendo:

- Os "reis magos" são personagens citados apenas no Evangelho de Mateus, relatando que visitaram o menino Jesus trazendo-lhe presentes: ouro, incenso e mirra. O evangelista não diz quantos eram nem se eram reis, muito menos quais eram seus nomes. Porém, ao longo do tempo adquiriu-se uma devoção muito grande a esses personagens como se pode ver na piedade popular.

- O nome "mago", no tempo de Jesus, era sinônimo de "sábio", tratamento dado de modo especial aos que estudavam os astros (astrólogos ou astrônomos). O texto diz que viram uma estrela e foram, por isso, até a região onde nascera Jesus.

- Nesse caso, os magos que vieram adorar Jesus eram pagãos de boa-fé que, desejosos por conhecer a verdadeira religião, veem nos sinais do céu a resposta às suas interrogações.

- De acordo com a narração de Mateus, sabendo que se tratava do nascimento de um rei, os magos vão até o palácio de Herodes em Jerusalém e perguntam quem era o rei que nascera, pois viram aparecer a "sua estrela".

- Herodes claramente não conhecia a profecia do Antigo Testamento (Mq 5,1) e consultou os sábios que lhe serviam sobre o lugar onde deveria nascer o Messias. Tendo sabido que o lugar era Belém, mandou-lhes àquela cidade, pedindo-lhes que avisassem a ele o lugar exato onde encontrar o menino para que "também ele pudesse adorá-lo".

- Na verdade, Herodes não tinha a intenção de adorar o menino Jesus, e sim de matá-lo, dado que se sentiu ameaçado e com medo de perder o seu poder.

- Guiados pela estrela, os magos chegaram a Belém, que ficava a cerca de 10 quilômetros de Jerusalém. Diante do menino, ofereceram-lhe como presente ouro, incenso e mirra. Tendo sido avisados, em sonho, para não dizer nada a Herodes, voltaram para as suas terras por um outro caminho. Uma vez descoberto o engano, o rei Herodes mandou matar todas as crianças de Belém que tivessem menos de dois anos.

- Os presentes trazidos pelos magos são ricos em significados: o ouro é o metal precioso por excelência e simboliza a realeza, um presente reservado aos reis na antiguidade; o incenso é símbolo da divindade, um perfume que se queima, usado nos templos para simbolizar a oração que chega a Deus assim como a fumaça que sobe ao céu, presente reservado na época aos sacerdotes; a mirra vem de uma planta medicinal que, misturada ao óleo, era usada para fins medicinais, cosméticos, religiosos e também para embalsamar corpos, simboliza a humanidade, o futuro sofrimento redentor de Cristo e era o presente dado aos profetas.

- Dessa maneira, através dos presentes, os magos reconheceram o menino Jesus como Rei, Deus e Profeta.

- A primeira possível menção, relacionada aos nomes dos magos, ocorreu no Evangelho Apócrifo de Armeno, no fim do século VI, no capítulo 5,10:

> Um anjo do Senhor foi depressa ao país dos persas para avisar aos reis magos e ordenar a eles de ir e adorar o menino que acabara de nascer. Estes, depois de ter caminhado durante nove meses, tendo por guia a estrela, chegaram à meta exatamente quando Maria tinha dado à luz. Precisa-se saber que, naquele tempo, o reino persiano dominava todos os reis do Oriente, por causa do seu poder e das suas vitórias. Os reis magos eram 3 irmãos: Melquior, que reinava sobre os persianos; Baltasar, que era rei dos indianos, e Gaspar, que dominava no país dos árabes.

- Ainda, os nomes podem ser encontrados nos escritos de São Beda (673-735) que mencionou seus significados: Gaspar é "aquele que vai inspecionar", Melquior significa "meu Rei é luz", e Baltasar se traduz por "Deus manifesta o Rei". Para São Beda e para alguns outros doutores da Igreja, os três magos representam as três raças humanas existentes, em idades diferentes. Nesse sentido, representavam os reis e os povos de todo o mundo.

- Alguns estudiosos interpretam a chegada dos magos como o cumprimento da profecia de David: "Os reis de Társis e das ilhas enviarão presentes, os reis de Sabá e Seba pagarão tributo. Todos os reis se prostrarão diante dele, e todas as nações o servirão" (Sl 72,10-11).

- A festa da adoração dos "reis magos" ao menino Jesus recebeu o nome de *Epifania do Senhor*. Epifania provém de um termo grego, que significa "manifestação; aparição; fenômeno miraculoso".

- A Solenidade da *Epifania do Senhor* é celebrada em 6 de janeiro, mas a liturgia a coloca no domingo entre 2 a 8 de janeiro no Brasil.

Diante disso, o que podemos aprender com a visita dos magos e com os presentes oferecidos ao menino Jesus? A passagem do Evangelho de Mateus, mais do que narrar um fato histórico, quer transmitir uma mensagem: o menino Jesus fora rejeitado pelo poder constituído da época. Por outro lado, Ele foi acolhido e reconhecido por pessoas que não tinham títulos especiais e pelos gentios, isto é, não judeus. Portanto, Mateus quer mostrar que o menino Jesus veio para todos, crentes e não crentes, judeus e não judeus. Sua mensagem é universal, destinada a ir longe. Os presentes mostram sua identidade: o Messias, Rei dos reis, enviado a cumprir plenamente o projeto do Pai, anunciando o Reino e denunciando todas as injustiças.

Conclusão: A exemplo dos magos do Oriente, hoje somos convidados a nos prostrar diante de Jesus e reconhecer sua realeza e divindade. Somos convidados, sobretudo, a assumir sua mensagem e proclamá-la a todas as pessoas, crentes ou não. O catequista pode motivar seu grupo a pensar: como gesto concreto, podemos nos perguntar quais presentes hoje oferecemos a Jesus, através das nossas vidas...

Oração final: Ao redor da Mesa da Palavra, pedir para que cada catequizando faça orações e preces espontâneas. Em seguida, rezar o Pai-nosso e concluir com a oração:

> *Senhor, nosso Deus, que fizeste vosso filho Jesus habitar entre nós, sendo Luz a guiar e conduzir nossos passos, que a exemplo dos magos do Oriente saibamos conhecê-lo e adorá-lo. Por Cristo, Senhor nosso. Amém.*

Após a oração, o catequista impõe as mãos sobre a cabeça de cada catequizando e traça o sinal da cruz em sua fronte, dizendo: "ide e adorai o Senhor, ...N..., vai em paz! Amém".

23° Encontro

Os quatro Evangelhos: vida e ensinamentos de Jesus

Palavra inicial: Neste encontro queremos trabalhar o que são os Evangelhos, quem os escreveu e o porquê. Ainda, refletiremos sobre o que relatam e o que querem transmitir, quais suas diferenças e particularidades.

Preparando o ambiente: Ambão com toalha da cor do tempo litúrgico, vela e flores. Cartaz com a figura de animais alados, que representam cada um dos evangelistas: Mateus – anjo; Marcos – leão; Lucas – touro; João – águia.

Acolhida: O catequista acolhe os catequizandos saudando-os com o dizer "proclamai sem cessar o Evangelho, ...N..., seja bem-vindo!". Depois de conduzi-los para dentro da sala, saúda a todos mais uma vez, desejando-lhes boas-vindas.

Recordação da vida: Ao redor da Mesa da Partilha ou da Palavra, o catequista convida-os a fazer uma retrospectiva da semana e do encontro anterior, explorando o compromisso e os registros do Diário. Pode-se destacar, ainda, os acontecimentos importantes que ocorreram na vida da comunidade.

NA MESA DA PALAVRA

Oração inicial: O catequista motiva a oração valorizando tudo o que foi expressado na recordação da vida. Convida-os para, juntos, invocarem o Espírito Santo.

O catequista convida a todos para cantarem aclamando o Evangelho e, em seguida, orienta um catequizando para proclamar a passagem indicada.

Leitura do texto bíblico: Jo 20,30-31.

Após alguns minutos de silêncio, o catequista lê o texto novamente, pausadamente, destacando alguns pontos.

> *Jesus ainda fez muitos outros sinais na presença dos discípulos, mas não foram escritos neste livro. Estes porém foram escritos para que creiais que Jesus é o Cristo, o Filho de Deus, e para que, crendo, tenhais a vida em seu nome.*

O catequista convida a todos a sentarem ao redor da Mesa da Partilha.

NA MESA DA PARTILHA

Convidar os catequizandos a realizarem uma leitura silenciosa do texto bíblico proclamado. Depois, promover a reflexão sobre o que são e quantos são os livros dos Evangelhos, e o que esses livros narram. Após ouvir alguns catequizandos, prosseguir com a reflexão comentando:

- A palavra "Evangelho" provém de um termo grego e significa "boa mensagem", "boa notícia" ou "boas novas". Pode, ainda, ser traduzido por "eu anuncio, trago uma mensagem, uma notícia".

- Os Evangelhos são um gênero de literatura do cristianismo dos primeiros séculos, ou seja, uma maneira de escrever que narra a vida de Jesus, suas palavras e atitudes, a fim de preservar seus ensinamentos e revelar o Reino de Deus.

- São quatro os livros da Bíblia chamados de Evangelhos, que dão início ao Novo Testamento: Evangelho segundo São Mateus, Evangelho segundo São Marcos, Evangelho segundo São Lucas e Evangelho segundo São João.

- Existiam muitos outros textos escritos na época, ou um pouco posteriores a estes, também chamados de Evangelhos. Porém, quando a Igreja começou a estudar e juntá--los num único livro (Bíblia), recolheu apenas alguns, dado o seu conteúdo. Os textos que foram aceitos e formaram a Bíblia são chamados de cânon do Novo Testamento. Os textos que não fazem parte do cânon bíblico são chamados de apócrifos e são considerados apenas como objeto de estudo, não aceitos como Palavra de Deus.

- Sendo assim, existem muitos outros Evangelhos chamados de apócrifos que foram escritos geralmente depois dos quatro Evangelhos canônicos. Alguns destes Evangelhos deixaram vestígios importantes na tradição cristã.

- Os quatro Evangelhos canônicos (os únicos que o cristianismo primitivo admitiu como legítimos) foram escritos após a ressurreição de Jesus e de sua subida aos céus.

- Cada um foi escrito com um objetivo. Além, claro, de manter vivo os ensinamentos do Mestre, cada um dos autores tinha um propósito distinto por trás do que escrevia, enfatizando aspectos diferentes da pessoa e do ministério de Jesus.

- O evangelista Mateus escreve com o objetivo de convencer os judeus de que Jesus era mesmo o Messias esperado. Por isso, enfatiza nos seus relatos passagens do Antigo Testamento com profecias a esse respeito.

- O Evangelho de Marcos foi escrito para evangelizar de modo especial os romanos, e relata somente quatro das parábolas de Jesus, destacando principalmente as ações Dele.

- Lucas, por sua vez, escreve para os que não eram judeus, enfatizando a misericórdia de Deus através da salvação que vem por Jesus Cristo, principalmente aos pobres e humildes de coração.

- O último dos Evangelhos, o de João, foi escrito para doutrinar os novos convertidos. Não cita nenhuma das parábolas de Jesus (afinal, as parábolas já eram conhecidas no meio cristão, através dos relatos contidos nos outros três Evangelhos), porém combate com firmeza as primeiras heresias surgidas no início do cristianismo.

- O Evangelho de João é o único dos quatro Evangelhos que relata a história de Jesus de um modo substancialmente diferente. Já os três primeiros, por contarem com grande quantidade de histórias em comum e organizadas na mesma sequência, utilizando-se algumas vezes exatamente de iguais estrutura e palavras, são conhecidos e chamados de "Evangelhos sinóticos".

- O nome "sinótico" também provém do grego e significa "junto", "mesmo", "ver", "ótica", "olhar", pois apresenta uma mesma perspectiva sobre os acontecimentos. Podemos, portanto, ler o texto dos três Evangelhos sob um mesmo ponto de vista. Isto é, podemos colocar os Evangelhos em três colunas e perceber suas semelhanças ou diferenças.

- Desse modo, temos quatro Evangelhos canônicos, dos quais três são sinóticos.

Além dessas informações e da compreensão do que são os quatro Evangelhos, é preciso saber que cada evangelista escreveu tendo como destinatários os membros de suas comunidades que, como vimos, eram grupos bastante especí-ficos. Porém, esses escritos irrompem o tempo e o espaço. Quando lidos com fé têm muito a nos dizer e, hoje, a ensinar. Em cada relato evangélico é preciso se perguntar: qual a mensagem que o evangelista quer transmitir com esse texto?; o que esse texto tem a nos dizer?

Cada capítulo e versículo, com certeza, nos ajudará a compreender quem foi Jesus e o que Ele ainda hoje pode nos ensinar.

Os poucos versículos que lemos no Evangelho de João nos ensinam a entender o objetivo de todos os Evangelhos: despertar o compromisso da fé que leva a experimentar a vida proposta por Jesus. Muitos outros sinais foram realizados, em João há somente alguns "sinais" que foram escritos: "para que creiais que Jesus é o Cristo (Messias), o Filho de Deus, e para que crendo, tenhais a vida em seu nome" (Jo 20,31).

Conclusão: Enquanto os Evangelhos sinóticos apresentam Jesus como um personagem humano, destacando-se dos comuns pelas suas ações milagrosas, o Evangelho de João descreve um Jesus com caráter divino, que traz a redenção absoluta ao mundo. Todos os quatro Evangelhos, com suas semelhanças e particularidades, querem nos apresentar a pessoa de Jesus e sua importância em nossas vidas. Nós, porém, como seus seguidores, devemos deixar nos moldar pelos seus ensinamentos e fazer, também, com que essa Boa Nova alcance a todos. Somos hoje responsáveis por anunciar o Evangelho a todos os povos.

Os quatro evangelistas, olhando para suas realidades, cumpriram sua missão. Cabe questionar aos catequizandos: e nós, o que podemos fazer para que os Evangelhos não se percam e cheguem a todas as pessoas que estão à nossa volta?

Oração final: O catequista convida os catequizandos a ficarem em pé ao redor da Mesa da Palavra e os incentiva a formularem orações e preces. Conclui rezando o Pai-nosso e a oração:

Pai de amor, que nos destes os Evangelhos como testemunho de sua ação de amor ao mundo, que ao meditá-los possamos aprender com Jesus as maravilhas do Reino e levar essa Boa Nova para todas as pessoas. Por Cristo, nosso Senhor. Amém.

Após a oração, o catequista impõe as mãos sobre a cabeça de cada catequizando e traça o sinal da cruz em sua fronte, dizendo: "...N..., anunciai o Evangelho com vossa vida, vai em paz e que o Senhor te acompanhe!".

Material de apoio

Aprofundar o tema nos parágrafos 101 a 141 do **Catecismo da Igreja Católica** (CIC).

Ler os textos introdutórios, contidos na Bíblia, de cada um dos Evangelhos.

Os símbolos dos quatro evangelistas

A iconografia cristã e sua tradição atribuiu uma imagem a cada um dos quatro evangelistas, que se tornou símbolo dos Evangelhos. Esses símbolos foram extraídos da visão do profeta Ezequiel (1,1-4 e 10,14), que vislumbrou a glória de Deus sobre um carro com quatro rodas imensas que ia da terra ao céu. Em cada roda existia uma figura: a de um anjo, a de um leão, a de um boi e a de uma águia. A tradição cristã conferiu aos evangelistas o simbolismo desses quatro animais. O anjo para São Mateus; o leão para São Marcos; o touro para São Lucas e a águia para São João. O texto de Apocalipse 4,6-7 é utilizado também como uma das fontes dessa atribuição ao falar de quatro seres vivos com aparência de touro, leão, ser humano e águia.

Os primeiros a relacionarem os evangelistas com esses seres foram Santo Ireneu (+203) e Santo Agostinho (+430). Surgiu, assim, o costume de representá-los nas pinturas e esculturas junto aos seus símbolos, chamados de "Animais Alados".

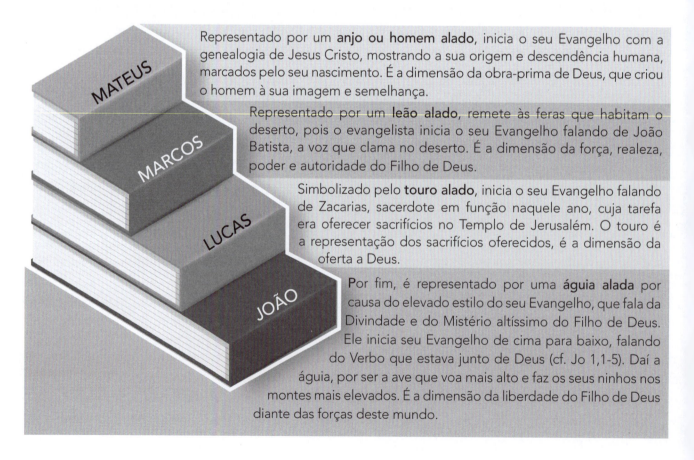

MATEUS — Representado por um **anjo ou homem alado**, inicia o seu Evangelho com a genealogia de Jesus Cristo, mostrando a sua origem e descendência humana, marcados pelo seu nascimento. É a dimensão da obra-prima de Deus, que criou o homem à sua imagem e semelhança.

MARCOS — Representado por um **leão alado**, remete às feras que habitam o deserto, pois o evangelista inicia o seu Evangelho falando de João Batista, a voz que clama no deserto. É a dimensão da força, realeza, poder e autoridade do Filho de Deus.

LUCAS — Simbolizado pelo **touro alado**, inicia o seu Evangelho falando de Zacarias, sacerdote em função naquele ano, cuja tarefa era oferecer sacrifícios no Templo de Jerusalém. O touro é a representação dos sacrifícios oferecidos, é a dimensão da oferta a Deus.

JOÃO — Por fim, é representado por uma **águia alada** por causa do elevado estilo do seu Evangelho, que fala da Divindade e do Mistério altíssimo do Filho de Deus. Ele inicia seu Evangelho de cima para baixo, falando do Verbo que estava junto de Deus (cf. Jo 1,1-5). Daí a águia, por ser a ave que voa mais alto e faz os seus ninhos nos montes mais elevados. É a dimensão da liberdade do Filho de Deus diante das forças deste mundo.

24º Encontro

A escolha dos apóstolos

Palavra inicial: Neste encontro falaremos um pouco sobre a vida pública de Jesus e a escolha dos seus doze apóstolos.

Preparando o ambiente: Ambão com toalha da cor do tempo litúrgico, Bíblia, vela, flores, círio pascal e doze velas que apresentem, cada uma, o nome de um dos apóstolos.

Acolhida: O catequista acolhe os catequizandos com o dizer "Jesus também o escolheu, ...N..., seja bem-vindo!", ou outro semelhante.

Recordação da vida: Ao redor da Mesa da Partilha ou da Palavra, lembrar fatos e acontecimentos que marcaram a semana. Lembrar que, no último encontro, falávamos dos quatro Evangelhos que narram a vida e os ensinamentos de Jesus.

NA MESA DA PALAVRA

Oração inicial: O catequista conduz a oração de maneira espontânea e, depois, convida a cantar ou rezar invocando o Espírito Santo.

O catequista convida a todos para cantarem aclamando o santo Evangelho. Em seguida, um catequizando dirige-se até o ambão e proclama o texto bíblico.

Leitura do texto bíblico: Mt 10,2-11.

Depois de um momento de silêncio, o catequista lê o texto novamente, devagar, destacando alguns pontos.

> *Os nomes dos doze apóstolos são os seguintes: primeiro, Simão, chamado Pedro, e André seu irmão; Tiago filho de Zebedeu, e João, seu irmão; Filipe e Bartolomeu; Tomé e Mateus, o cobrador de impostos; Tiago filho de Alfeu, e Tadeu; Simão o Zelotes e Judas Iscariotes, que o traiu...*

O catequista convida a todos a sentarem ao redor da Mesa da Partilha.

NA MESA DA PARTILHA

Reconstruir o texto bíblico com os catequizandos. Depois, convidá-los para uma leitura silenciosa da passagem proclamada, observando algum detalhe não comentado na reconstrução do texto. Se houver algo, todos podem partilhar.

O catequista medita com os catequizandos o texto bíblico, explicando que Jesus era judeu e, desde pequeno, foi educado por José e Maria para observar os mandamentos e a participar de todas as festas religiosas. Todo sábado estava na sinagoga (lugar de reunião, oração e estudo dos judeus). Após iniciar sua vida pública, Jesus passa a maior parte do seu tempo pregando e anunciando o Reino de Deus. Muitos, tocados por suas palavras, ensinamentos e sabedoria, passaram a segui-lo, tornando-se seus discípulos. Depois de um tempo, Jesus escolhe apenas doze para serem seus apóstolos, ou seja, aqueles que o acompanhariam todo o tempo, sendo formados e preparados para darem continuidade ao que Ele iniciara. "Apóstolo" significa "enviado".

Depois de passar a noite em oração e conversa com o Pai, Jesus pronuncia o nome dos doze: "**Pedro**, e **André** seu irmão; **Tiago** filho de Zebedeu, e **João**, seu irmão; **Filipe** e **Bartolomeu**; **Tomé** e **Mateus**, o cobrador de impostos; **Tiago** filho de Alfeu, e **Tadeu**; **Simão** o Zelotes e **Judas Iscariotes**" (Mt 10,1-4). Esses foram escolhidos para estarem com Jesus e, depois, para serem enviados a pregar, curar e apresentar ao mundo o Projeto Salvífico de Deus. Jesus passa muito tempo com os doze, preparando-os para essa missão.

Os doze escolhidos por Jesus são homens comuns, pescadores, cobrador de impostos... Pessoas sem grande conhecimento ou formação. O critério de escolha de Jesus talvez tenha sido não de eleger os melhores, mas aqueles que estivessem mais disponíveis a segui-lo, que estivessem mais dispostos a mudarem de vida por causa do Reino.

Antes de serem chamados, esses homens ouviram falar de Jesus, foram tocados por suas palavras e o conheceram. Depois passaram um período em sua companhia, ouvindo-o pregar, e agora escolhidos como apóstolos são chamados a assumir mais de perto o compromisso da Boa Nova. Posteriormente, serão enviados.

Igual processo também deve acontecer conosco. Em algum momento de nossas vidas, Jesus nos chama. Somos tocados por suas palavras e largamos tudo para segui-lo. Este período de catequese é uma oportunidade que Deus nos dá para conhecê-lo melhor e, assim, mudarmos de vida, assumindo o compromisso de segui-lo mais de perto.

Sendo assim, o exemplo dos doze que aceitaram o chamado e a escolha de Jesus nos provoca a olharmos para nós mesmos: já ouvimos o chamado de Jesus alguma vez?; qual foi nossa resposta?; o que precisamos fazer para sermos enviados como anunciadores do Reino?

Conclusão: O catequista poderá concluir dizendo que Jesus não se cansa de chamar homens e mulheres para segui-lo, independentemente da época. Os doze apóstolos são símbolos de toda a Igreja, chamada a continuar o projeto iniciado por Jesus. Hoje, Jesus chama cada um de nós e espera uma resposta, que deve ser dada individualmente. Questionar aos catequizandos: qual será nossa resposta a Ele? Todos podem partilhar suas reflexões e, em seguida, o catequista convida a encerrar o encontro.

Oração final: Ao redor da Mesa da Palavra, motivar os catequizandos a formularem orações e preces pedindo para que Deus os fortaleça ao responderem o chamado de Jesus e assumirem o compromisso de anunciadores do Reino. O catequista convida a rezarem o Pai-nosso e conclui com a oração:

Deus, Pai de bondade que nos chamastes para fazer com que o seu Reino se tornasse realidade no meio da humanidade, faça com que tenhamos força e coragem de dizer "sim" todos os dias ao seu chamado, sendo verdadeiros anunciadores da sua Palavra. Por Cristo, Senhor nosso. Amém.

Após a oração, o catequista impõe as mãos sobre a cabeça de cada catequizando e traça o sinal da cruz em sua fronte, dizendo: "ide para ser anunciador da Boa Nova, ...N...., vai em paz e que Senhor o acompanhe! Amém".

O Reino anunciado por Jesus

Palavra inicial: Neste encontro queremos refletir o que Jesus pregou e anunciou em toda sua vida pública – o Reino de Deus que está além deste mundo.

Preparando o ambiente: Ambão com toalha da cor do tempo litúrgico, vela e flores. Providenciar também uma coroa ou imagem de Cristo Rei.

Acolhida: O catequista recebe os catequizandos saudando-os com o dizer "o Reino de Deus começa aqui, ...N..., seja bem-vindo!". Depois de conduzi-los para dentro da sala, saúda a todos mais uma vez, desejando-lhes boas-vindas.

Recordação da vida: Ao redor da Mesa da Partilha ou da Palavra, o catequista convida a fazer uma retrospectiva da semana e do encontro anterior, perguntando especialmente como vivenciaram o discipulado de Jesus nos últimos dias. Motiva, também, a falar sobre o que registraram no Diário que possa contribuir com o grupo. É importante que destaquem os acontecimentos marcantes que possam ter ocorrido na vida da comunidade.

NA MESA DA PALAVRA

Oração inicial: Motivar a oração valorizando tudo o que foi expressado na recordação da vida e incentivando para que, juntos, invoquem o Espírito Santo.

O catequista orienta um catequizando para se dirigir até o ambão e proclamar o texto bíblico.

Leitura do texto bíblico: Mt 20,20-28.

Após alguns minutos de silêncio, o catequista lê o texto novamente, pausadamente, destacando alguns pontos relacionados ao que se deseja refletir no encontro.

> *Ela respondeu: 'Manda que os meus dois filhos se assentem, um à tua direita e outro à tua esquerda, no teu Reino'. [...] Os outros dez, que ouviram, se aborreceram com os dois irmãos. [...] Jesus, porém, os chamou e disse: 'Sabeis que os chefes das nações as oprimem e os grandes as tiranizam. Entre vós não seja assim. Ao contrário, quem quiser ser grande, seja vosso servidor, e quem quiser ser o primeiro, seja vosso escravo.*

O catequista convida a todos a sentarem ao redor da Mesa da Partilha.

NA MESA DA PARTILHA

Pedir aos catequizandos para abrirem suas Bíblias no texto proclamado e convidá-los a uma leitura silenciosa. Depois refletir sobre o texto bíblico, destacando:

- Jesus viveu em uma época na qual o poder político era dominado pelo Império Romano. Os judeus tinham o desejo de retomar o controle total de Jerusalém e de Israel. De tempos em tempos, surgiam grupos armados que iniciavam revoltas para tentar tomar novamente o poder. Porém, todos os motins eram abafados pelo exército romano.

- Muitos veem em Jesus um homem poderoso, um grande líder que poderia reunir um exército e libertar Israel das mãos dos romanos. Os apóstolos escolhidos por Jesus talvez o seguissem por ver Nele uma oportunidade para retomar o poder político de Israel e fazê-lo seu rei, de modo que, consequentemente, receberiam todo *status* do poder da época.

- Entretanto, esse não era o "reino" anunciado por Jesus. Muitos dos apóstolos e discípulos só compreenderam isso após a ressurreição de Jesus. O Evangelho que hoje lemos é uma prova disso.

- A mãe, que se aproxima de Jesus e pede para que seus dois filhos sentem um à direita e o outro à esquerda no seu reino, intercedia apenas pelo poder temporal, apenas por cargos (não diferente de muitas realidades no mundo de hoje, de modo especial na política). Os demais discípulos que a ouvem se aborrecem, pois também buscavam *status* e altos cargos no "novo reino".

- Porém, em nenhum momento Jesus estava preocupado com o poder político da época. Ele falava de algo muito maior e de difícil compreensão para a mentalidade humana: o Reino dos Céus, o Reino que não tem fim, que a traça não corrói e a ferrugem não estraga (cf. Mt 6,19-21).

- Jesus, em toda a sua vida, anunciou uma inversão de valores pregando o desapego às coisas terrenas, aos bens materiais. Os apóstolos compreenderam isso, porém, apenas ao alcançarem plena consciência de qual Reino Jesus falava, após a sua ressurreição e subida aos céus.

- Jesus deixa claro aos seus seguidores que doar a vida e servir ao bem comum, de modo desinteressado, são princípios vitais para que o Reino aconteça, pois revelam amor ao próximo

Como vimos no encontro passado, somos escolhidos por Jesus e nossa resposta representa nossa disponibilidade em servi-lo. Somos chamados a anunciar o Reino dos Céus com a certeza de que tudo irá passar. Anunciar o Reino que já começa a ser vivenciado aqui.

Todas as vezes em que nos reunimos na assembleia litúrgica para celebrar, vivenciamos um pedacinho do céu aqui na terra. A terra sobe e o céu desce. É a Igreja militante que se une à Igreja triunfante. Na celebração eucarística, no momento do "Santo", visualizamos essa realidade.

Conclusão: Hoje somos também questionados sobre o que buscamos e o que almejamos em nossas vidas. Talvez muitos queiram ser bem-sucedidos, conquistarem altos cargos e bons salários, mas tudo o que adquirirmos, sem uma vida de fé e um desapego aos bens materiais, de nada terá valor. Só compreendemos isso à medida que nos aproximamos de Cristo e com Ele convivemos (oração diária, vida de comunidade, leitura e meditação da Palavra).

O que podemos fazer, hoje, para vivenciarmos e começarmos aqui na terra a viver um pedacinho do céu? O que podemos fazer para anunciar Jesus a todos os que estão ao nosso redor?

Oração final: O catequista convida os catequizandos a ficarem em pé ao redor da Mesa da Palavra, incentivando-os a formularem pedidos e preces. Concluir com a oração:

Querido Pai do céu, hoje aprendemos que Jesus anunciou um Reino que não tem fim, um Reino de Justiça e de Paz. Que possamos ser verdadeiros discípulos missionários do seu Reino, anunciando-o para todas as pessoas. Por Cristo, nosso Senhor. Amém.

Após a oração, o catequista impõe as mãos sobre a cabeça de cada catequizando e traça o sinal da cruz em sua fronte, dizendo: "o Reino começa aqui, ...N..., ide anunciá-lo e que o Senhor o acompanhe!".

26º Encontro
Obediência ao Pai, até as últimas consequências

Palavra inicial: Neste encontro queremos mostrar que Jesus foi obediente ao Pai até as últimas consequências, sendo coerente ao seu discurso. A sua fidelidade levou-o à morte, mas a fidelidade também lhe trouxe a ressurreição, a vida sem fim.

Preparando o ambiente: Ambão com toalha da cor do tempo litúrgico, Bíblia, vela, flores e imagem de Jesus Ressuscitado.

Acolhida: O catequista acolhe a todos com o dizer *"sede fiel, ...N..., e viverás; bem-vindo ao nosso encontro!"*. Pode-se usar outra frase semelhante.

Recordação da vida: Ao redor da Mesa da Partilha ou da Palavra, lembrar fatos e acontecimentos que marcaram a semana.

NA MESA DA PALAVRA

Oração inicial: O catequista conduz a oração de uma maneira espontânea e, na sequência, motiva a cantar ou rezar invocando o Espírito Santo.

Um catequizando dirige-se até o ambão para proclamar o texto bíblico.

Leitura do texto bíblico: Mt 26,36-41.

Depois de um momento de silêncio, o catequista lê o texto novamente, devagar, destacando alguns pontos.

> *Então lhes disse: 'Minha alma está triste até a morte. Ficai aqui em vigília comigo'. Adiantou-se um pouco, prostrou-se com o rosto em terra e orava, dizendo: 'Pai, se for possível, afasta de mim este cálice, contudo não se faça como eu quero, mas como tu queres...*

O catequista convida a todos a sentarem ao redor da Mesa da Partilha.

NA MESA DA PARTILHA

Reconstruir com os catequizandos o texto bíblico. Depois pedir para reler a passagem proclamada, observando algum detalhe não comentado na reconstrução do texto. Se houver algo, todos podem partilhar.

Meditar com os catequizandos o texto bíblico, comentando que Deus tinha um projeto para o homem e a mulher desde o princípio. Porém, simbolizados por Adão e Eva, eles recusam esse projeto e se afastam Dele. Não acreditam na sua misericórdia e no seu amor, não assumem seus erros e suas limitações. Com isso, distanciam-se de Deus. Por sua vez, no seu infinito amor, Deus quer a humanidade perto de Si, a ponto de enviar seu próprio Filho ao mundo para nos resgatar. Jesus, obediente ao Pai, dá o seu "sim" e habita em nosso meio.

O texto evangélico que hoje lemos narra os momentos próximos em que Jesus seria preso e condenado à morte por causa da inveja e do medo de alguns em perder o poder. Jesus tinha consciência de tudo que aconteceria. Apesar de ser o "Filho de Deus", Ele viveu a condição humana por completo, exceto no pecado, e por isso também experimentou momentos de hesitação e ansiedade.

Porém, Jesus é aquele que confia plenamente no Pai. No seu momento de tristeza e agonia, pede que os seus apóstolos fiquem ao seu lado enquanto Ele rezava. No diálogo, pede que o cálice seja afastado se for possível, mas também clama que não se cumpra a sua vontade, e sim a vontade Daquele que o enviou.

O Catecismo da Igreja Católica n. 615 nos diz que Jesus substitui nossa desobediência por sua obediência:

> Como pela desobediência de um só homem todos se tornaram pecadores, assim, pela

obediência de um só, todos se tornarão justos' (Rm 5,19). Por sua obediência até a morte, Jesus realizou a substituição do Servo Sofredor que 'oferece sua vida em sacrifício expiatório'. 'quando carrega o pecado das multidões', 'que ele justifica levando sobre si o pecado de muitos'. Jesus prestou reparação por nossas faltas e satisfez o Pai por nossos pecados.

Com isso, Jesus é a imagem do novo Adão, da humanidade redimida que cumpre fielmente a vontade do Pai. Essa obediência inverte a lógica humana: "Se alguém quiser vir após mim, renuncie a si mesmo, tome a sua cruz e me siga. Pois quem quiser salvar sua vida, vai perdê-la; mas quem perder a sua vida por amor a mim, há de encontra-la" (Mt 16,24-25). Jesus foi aquele que deu o exemplo, morreu por obediência ao Pai e sua fidelidade o fez ter a vida eterna. Hoje somos chamados também a perder a vida pelo Reino, assumindo nossa cruz, renunciando a nossa vontade para fazer a vontade de Deus.

Em nenhum momento Jesus nos ofereceu vida boa, cura ou milagres... Ele prometeu, no entanto, estar conosco em todos os momentos de nossas vidas, sejam bons e ruins, aliviando nossos fardos até o dia em que formaremos uma única família no Reino dos Céus.

Conclusão: O catequista poderá concluir questionando aos catequizandos quais as cruzes que cada um deve assumir no seu dia a dia e o que é preciso fazer para cumprir com fidelidade a vontade de Deus. Por fim, pode perguntar qual é a vontade de Deus para cada um de nós. Depois de incentivar que partilhem as respostas, poderá pedir para que leiam Jo 6,38-39.

Oração final: Ao redor da Mesa da Palavra, motivar os catequizandos a formularem orações e preces, pedindo de modo especial para que sejamos fiéis ao projeto que Deus preparou para nós. O catequista convida todos a rezarem o Pai-nosso e conclui com a oração:

> *Deus, Pai de bondade, que nos chamou a fazer com que o seu Reino se tornasse realidade no meio da humanidade, faça com que tenhamos força e coragem para sermos fiéis ao seu projeto. Por Cristo, Senhor nosso. Amém.*

Após a oração, o catequista impõe as mãos sobre a cabeça de cada catequizando e traça o sinal da cruz em sua fronte, dizendo: "sede fiel a Deus, ...N...., vai em paz e que o Senhor o acompanhe! Amém".

27° Encontro

Pedro nega Jesus

Palavra inicial: Neste encontro queremos mostrar a pessoa de Pedro, homem impulsivo que prometeu defender Jesus, mas, por covardia, negou-o por três vezes. Vamos refletir sobre o olhar de misericórdia de Jesus a Pedro e o seu arrependimento.

Preparando o ambiente: Ambão com toalha da cor do tempo litúrgico, Bíblia, vela, flores e imagem de São Pedro.

Acolhida: O catequista acolhe os catequizandos com o dizer "mesmo negando-o, Jesus nos ama, ...N..., seja bem-vindo!". Quando já estiverem na sala, saúda a todos mais uma vez, desejando-lhes boas-vindas.

Recordação da vida: Ao redor da Mesa da Partilha ou da Palavra, o catequista poderá perguntar sobre o encontro anterior. Poderão destacar, ainda, os acontecimentos importantes que possam ter ocorrido na vida da comunidade.

NA MESA DA PALAVRA

Oração inicial: O catequista motiva a oração valorizando tudo o que foi expressado na recordação da vida e convida a invocar o Espírito Santo, cantando ou rezando.

Todos cantam aclamando o Evangelho e, em seguida, um catequizando se dirige ao ambão para proclamar o texto indicado.

Leitura do texto bíblico: Lc 22,54-62.

Após uns minutos de silêncio, o catequista lê o texto bíblico novamente, desta vez pausadamente e destacando alguns pontos do texto.

> *Eles prenderam Jesus e o levaram para casa do sumo sacerdote. Pedro o seguia de longe. [...] Pedro, porém, disse: 'Moço, não sei o que estás dizendo'. Nisso, enquanto Pedro ainda falava, o galo cantou. Voltando-se, o Senhor olhou para Pedro, e este se lembrou das palavras de Jesus, quando lhe disse: 'Antes que hoje o galo cante, tu me terás negado três vezes'.*

O catequista convida a todos a sentarem ao redor da Mesa da Partilha.

NA MESA DA PARTILHA

Reconstruir com os catequizandos o texto bíblico. Depois convidar para uma leitura silenciosa da passagem proclamada, observando algum detalhe não comentado na reconstrução do texto. Se houver algo, todos podem partilhar.

Na sequência, o catequista contextualiza dizendo que Pedro era um homem corajoso, porém impulsivo. Logo após a última ceia, antes de irem para o Monte das Oliveiras, Jesus diz que ainda naquela noite um deles (apóstolos) o trairia. Pedro é o primeiro a dizer que o defenderia e, se fosse preciso, daria a vida pelo Mestre (cf. Lc 22,33). Horas depois, Jesus é preso e levado para a casa do sumo sacerdote. O catequista poderá pedir que todos leiam a passagem de Lc 22,47-54.

Em seguida, retoma a passagem proclamada na Mesa da Palavra dizendo que Pedro é aquele que vai até o lugar onde Jesus é interrogado e mantido preso. Os que ali estão reconhecem-no como um dos seguidores de Jesus e o pressionam: "Tu também é um deles" (Lc 22,58). Por três vezes, Pedro nega que é um dos seguidores de Jesus e o galo canta, cumprindo a profecia do Senhor. Neste momento, Jesus passa e encontra o olhar de Pedro, e ele então se dá conta da sua covardia e chora...

O número três na Bíblia é simbólico, exprime totalidade por ser, talvez, três as dimensões do tempo: passado, presente e futuro. Assim, as três vezes em que Pedro negou Jesus representam todas as vezes que foi infiel. O choro arrependido de Pedro foi por ter visto o olhar de Jesus, que em nenhum momento foi de recriminação ou de decepção... Pelo contrário, foi um olhar afetuoso e amoroso, o mesmo olhar de quando Jesus o havia chamado. Talvez Pedro esperasse um gesto de reprovação de Jesus, o que não ocorre, pois Ele o acolhe em sua misericórdia. Esse olhar faz com que Pedro se sinta arrependido e perceba o seu erro, a sua miséria.

O catequista poderá questionar se os catequizandos já se envergonharam de alguém: pais, tios e tias, amigos... Depois, pode ainda perguntar se já tiveram vergonha de falar de Jesus, de dizer que eram católicos, de dizer que iam à missa.

Depois de ouvi-los, o catequista conclui dizendo que, diante das nossas atitudes, é preciso refletir, analisar e se arrepender. Assim, desde que nos arrependamos e nos entreguemos nos braços amorosos de Deus, Ele nos acolherá e nos dará uma nova chance. Por isso, somos convidados todos os dias a fazermos um exame de consciência, observado o que não foi tão bom e o que poderíamos fazer de melhor. No outro dia, ao acordarmos e encontrarmos aquele sol bonito brilhando, teremos a certeza de que Deus está nos dando uma nova chance para recomeçarmos. A cada dia podemos ser melhores, se acreditarmos e confiarmos na misericórdia de Deus.

Conclusão: Jesus foi misericordioso com Pedro, deu-lhe uma nova chance para professar a fé em seu nome, de se assumir um dos apóstolos do Mestre como veremos mais adiante em um dos nossos encontros. A exemplo de Pedro, Deus também nos dá inúmeras oportunidades de mudarmos de vida, de nos arrependermos. O catequista convida os catequizandos para, num instante de silêncio, pensarem sobre o que precisam mudar... Depois, convida-os a estabelecer o firme propósito de se colocar nos braços misericordiosos de Deus, pedindo forças para serem melhores a cada dia.

Oração final: O catequista convida os catequizandos a ficarem em pé ao redor da Mesa da Palavra para fazerem preces e louvores. Reza o Pai-nosso e conclui com a oração:

> *Pai do céu, que não se envergonhastes de nós e, ao contrário, por amor nos destes o seu Filho único, fazei com que tenhamos sempre força e coragem de anunciar e testemunhar as maravilhas que por nós realizastes. Por Cristo, nosso Senhor. Amém.*

Após a oração, o catequista impõe as mãos sobre a cabeça de cada catequizando e traça o sinal da cruz em sua fronte, dizendo: "orgulhoso da fé em Jesus Cristo, ...N..., vai em paz e que Ele o acompanhe!".

Do lado aberto de Jesus na cruz, nasce a Igreja

Palavra inicial: Jesus, por ciúmes e inveja, por medo de perderem o poder, é condenado à morte. Seu amor derramado na cruz faz nascer a Igreja, sinal de sua presença no mundo.

Preparando o ambiente: Ambão com toalha da cor do tempo litúrgico, Bíblia, vela, flores e um crucifixo.

Acolhida: O catequista acolhe os catequizandos com o dizer "Jesus o chama a ser Igreja, ...N..., seja bem-vindo!". Quando já estiverem na sala, saúda a todos mais uma vez, desejando-lhes boas-vindas.

Recordação da vida: Ao redor da Mesa da Partilha ou da Palavra, o catequista poderá perguntar sobre o encontro anterior explorando as questões propostas no Diário. Poderá destacar, ainda, os acontecimentos importantes ocorridos na vida da comunidade.

NA MESA DA PALAVRA

Oração inicial: Motivar a oração valorizando tudo o que foi expressado na recordação da vida e convidando a invocar o Espírito Santo, cantando ou rezando.

O catequista convida a todos para cantarem aclamando o santo Evangelho. Em seguida, um catequizando se dirige ao ambão e proclama o texto indicado.

Leitura do texto bíblico: Jo 19,31-37.

Em seguida, após uns minutos de silêncio, o catequista lê novamente, desta vez pausadamente, destacando alguns pontos do texto.

> *...mas um dos soldados transpassou-lhe o lado com uma lança, e logo saiu sangue e água. Quem viu dá testemunho, e o seu testemunho é digno de fé. Sabe que diz a verdade, para que também vós creiais.*

O catequista convida a todos a sentarem ao redor da Mesa da Partilha.

NA MESA DA PARTILHA

Reconstruir com os catequizandos o texto bíblico. Convidar a uma leitura silenciosa da passagem proclamada, observando algum detalhe não comentado. Se houver algo, todos podem partilhar.

O catequista contextualiza dizendo que a crucificação e morte de Jesus aconteceu na véspera da Páscoa judaica, e o pedido de quebrar as pernas dos que estavam na cruz era para que os condenados morressem mais rápido e, assim, seus corpos pudessem ser retirados do madeiro. O soldado, vendo que Jesus já estava morto, não quebrou suas pernas, mas outro lhe transpassou o lado com uma lança. A ferida aberta fez com que alguns padres, no início da Igreja, ao lerem e interpretarem essa passagem evangélica, a enxergassem com um grande simbolismo. Vejamos algumas interpretações:

▸ Primeiramente, viram no sangue e na água os dois sacramentos principais da Igreja: Eucaristia e Batismo. No prefácio da solenidade do Sagrado Coração de Jesus, é possível identificar este significado: "E de seu lado aberto pela lança fez jorrar, com a água e o sangue, os sacramentos da Igreja para que todos, atraídos ao seu Coração, pudessem beber, com alegria, na fonte salvadora"[7].

▸ O Espírito Santo é também compreendido como se fosse derramado tal qual um presente do Cristo Transpassado na cruz. O lado aberto de Cristo morto na cruz evoca a nossa imersão batismal na paixão e morte do Senhor. Do seio de Jesus, elevado e glorificado no mistério da morte e ressurreição, flui a água viva, símbolo do dom do Espírito Santo. O Batismo confere aos fiéis o dom do Espírito Santo e os torna portadores e templos Dele.

▸ Ainda, os Santos Padres viram na água e no sangue que saíram do lado do Cristo a origem da Igreja, nascida do coração do Senhor na cruz. Os Padres da Igreja, recorrendo a Gênesis, fizeram uma analogia com a descrição da origem da mulher: como Eva nasceu do lado de Adão, assim a Igreja, a esposa de Cristo, nasceu do lado aberto do novo Adão, quando dormia sobre a Cruz (CIC 766).

▸ No documento conciliar *Sacrosanctum Concílium*[8], no parágrafo 5, diz: "Pois, do lado de Cristo dormindo na cruz nasceu o admirável sacramento de toda a Igreja".

Outras referências com tal compreensão podem ser consideradas na sequência, à luz dos pensadores da Igreja:

Tertuliano: "Se Adão foi figura de Cristo, o sono de Adão foi também figura do sono de Cristo, dormindo na morte sobre a Cruz, para que, pela abertura do seu lado, se formasse a verdadeira mãe dos vivos, isto é a Igreja" (PL t. II, col. 767).

São João Crisóstomo dizia em suas pregações: "A lança do soldado abriu o lado de Cristo e foi neste momento que, de seu lado aberto, Cristo construiu a Igreja, como outrora a primeira mãe, Eva, foi formada de Adão. Por isso, Paulo escreve: somos de sua carne e de seus ossos. Com isso quer referir-se ao lado ferido de Jesus. Como Deus tomou a costela do lado de Adão, e dela fez a mulher, assim Cristo nos dá água e sangue do lado ferido, e disso forma a Igreja. Lá, nas origens, temos o sono de Adão, aqui o sono da morte de Jesus (STIRLI, J., **Cor Salvatoris**, p. 54)."

Santo Agostinho, ainda, diz em um dos seus sermões: "Adão dorme para que nasça Eva. Cristo morre para que nasça a Igreja. Enquanto Adão dorme, Eva se forma do seu lado. Quando Cristo acaba de morrer, seu lado é aberto por uma lança, para que dali corram os sacramentos para formar a Igreja" (**Tractatus in Joannem**, X, cap II, n. 10).

---

[7] Missal Romano. **Prefácio**: Coração de Jesus, fornalha ardente de caridade. São Paulo: Paulus, 1992. p. 383.

[8] Constituição Sacrossanctum Concílium, p. 262. In: **Compendio do Vaticano II**: constituições, decretos, declarações. 19. ed. Petrópolis: Vozes, 1897.

Conclusão: O catequista conclui dizendo que a Igreja nascida do Coração de Cristo, aberto na cruz, torna-se presença do seu amor para todos nós. Os sacramentos simbolizados pela água e pelo sangue constroem a Igreja, pois através deles tornamo-nos filhos adotivos do Pai e membros do Corpo de Cristo. O encontro de hoje nos leva a refletir que a Igreja nasce do coração de Deus e por Ele é criada. A Igreja somos nós que, confiantes na misericórdia de Deus, nos colocamos ao seu serviço.

Oração final: O catequista convida os catequizandos a ficarem em pé ao redor da Mesa da Palavra para fazerem preces e louvores, rezando de modo especial por toda a Igreja presente no mundo. Rezar o Pai-nosso e concluir com a oração:

> *Pai, que desde o princípio tinha um Projeto de Salvação para a humanidade e que, com o sangue e água que jorraste do lado aberto do seu Filho na cruz, criaste a Igreja, ajudai-nos a sermos verdadeiros membros do seu corpo, testemunhando as alegrias de formarmos a tua Igreja. Por Cristo, nosso Senhor. Amém.*

Após a oração, o catequista impõe as mãos sobre a cabeça de cada catequizando e traça o sinal da cruz em sua fronte, dizendo: "somos Igreja, ...N..., vai em paz e que Senhor o acompanhe!".

29° Encontro

Em Pentecostes nasce a missão da Igreja

Palavra inicial: Neste encontro queremos mostrar que Cristo vence e quebra as portas da morte. Cumpre sua missão de amor e gratuidade. Volta para o Pai e nos deixa uma missão: levar o Evangelho a todo o mundo, dando continuidade ao projeto do Pai. Antes de subir, Ele não nos deixa órfãos, pois nos dá o Espírito Santo. Em Pentecostes, nasce a missão da Igreja.

Preparando o ambiente: Ambão com toalha da cor do tempo litúrgico, Bíblia, vela e flores.

Acolhida: O catequista acolhe os catequizandos com o dizer "enchei-vos do Espírito Santo, ...N..., seja bem-vindo!", ou outro semelhante.

Recordação da vida: Ao redor da Mesa da Partilha ou da Palavra, lembrar fatos e acontecimentos que marcaram a semana.

NA MESA DA PALAVRA

Oração inicial: Convidar todos a invocar o Espírito Santo, cantando ou rezando, e concluir com uma oração espontânea.

O catequista convida um catequizando para se dirigir até o ambão e proclamar o texto indicado.

Leitura do texto bíblico: At 2,1-11.

Em seguida, o catequista lê a passagem novamente, desta vez pausadamente, com destaque a alguns pontos do texto.

> *Chegando o dia de Pentecostes, estavam todos reunidos no mesmo lugar. [...] Viram aparecer, então, uma espécie de línguas de fogo, que se repartiam e foram pousar sobre cada um deles. Todos ficaram cheios do Espírito Santo [...] todos os ouvimos falar as grandezas de Deus em nossas próprias línguas.*

O catequista convida a todos a sentarem ao redor da Mesa da Partilha.

NA MESA DA PARTILHA

Solicitar que os catequizandos reconstruam o texto bíblico e expressem o que entenderam. Depois, pedir para que releiam a passagem individualmente. O catequista poderá incentivá-los a partilhar o que o texto disse a cada um. Logo após, aprofundar a passagem bíblica dizendo:

- Jesus, depois de aparecer aos apóstolos após a ressurreição e de lhes transmitir as últimas orientações, lhes enviou em missão para anunciar o Evangelho a todos os povos, batizando-os em nome da Trindade (cf. Mt 28,9).

- Antes, porém, lhes enviou o Espírito Santo para capacitá-los, lhes dar coragem e revesti-los da força do Alto (cf. Lc 24,48-49).

- O Catecismo da Igreja Católica (n. 767) nos ensina:

> Terminada a obra que o Pai havia confiado ao Filho para realizar na terra, foi enviado o Espírito Santo no dia de Pentecostes para santificar a Igreja permanentemente. Foi então que 'a Igreja manifestou publicamente diante da multidão e começou a difusão do Evangelho com a pregação'. Por ser 'convocação' de todos os homens para a salvação, a Igreja é, por sua própria natureza, missionária enviada por Cristo a todos os povos para fazer deles discípulos.

- A Igreja que nasce em Cristo e por Ele é instituída, agora é manifestada e enviada ao mundo através do Espírito Santo. A sua missão é anunciar o Reino de Cristo e de Deus, estabelecendo-o em todos os povos.

- A passagem de Atos dos Apóstolos que hoje meditamos nos revela o momento em que o Espírito Santo é derramado sobre os apóstolos reunidos no cenáculo em Jerusalém. Para o evangelista Lucas, esse acontecimento se deu cinquenta dias após a ressurreição de Jesus e dez dias após a sua ascensão.

- Pentecostes era uma festa já celebrada entre os judeus em memória do dia em que Moisés recebeu as Tábuas da Lei (os Dez Mandamentos) de Deus. Agora, com a Igreja nascida em Cristo, Pentecostes reveste-se de um novo significado: em memória da descida do Espírito Santo sobre os apóstolos cinquenta dias após a Páscoa.

- Pentecostes é um termo grego que significa "quinquagésimo".

- O texto nos diz que o Espírito Santo se manifestou através de um forte vento e em línguas de fogo. Estes, então, se tornam alguns dos seus símbolos, dentre outros: água, unção com óleo, fogo, nuvem e luz, dedo, mão e, por fim, pomba (cf. CIC 694-701).

- "Espírito" traduz o termo hebraico "Ruah", o qual significa sopro, ar, vento em seu sentido primeiro. Ao Espírito Santo também foram atribuídos outros nomes: Paráclito, Consolador, Espírito de Verdade, Espírito da Promessa, Espírito de Adoção... (cf. CIC 691-693).

Conclusão: O Espírito Santo é derramado ainda hoje sobre a Igreja para que continue fiel à missão de anunciar o Evangelho e instaurar o Reino de Deus, inaugurado por Jesus. De nossa parte, enquanto cristãos e cristãs, membros do corpo do Senhor, devemos clamar todos os dias pelo Espírito Santo, sendo dóceis a Ele para que, agindo em nós, nos envie a cumprir nossa missão como Igreja. Como tem sido nossa oração? Temos invocado o Espírito Santo paráclito? O que temos feito para cumprir nossa missão como Igreja?

Oração final: Ao redor da Mesa da Palavra, pedir para que cada catequizando faça orações espontâneas, rezando principalmente pela Igreja e por sua missão. Rezar o Pai-nosso e concluir com a oração:

> *Senhor nosso Deus, queremos louvar e agradecer por não ter nos deixado órfãos, mas ter enviado o Espírito da Promessa sobre cada um de nós. Fazei que, como Igreja, estejamos abertos à ação do Espírito Santo, assumindo sem medo nossa missão. Por Cristo, Senhor nosso. Amém.*

Após a oração, o catequista impõe as mãos sobre a cabeça de cada catequizando e traça o sinal da cruz em sua fronte, dizendo: "revestido da força do Alto, ...N..., vai em paz e que o Senhor o acompanhe! Amém".

Material de apoio

Aprofundar o tema nos parágrafos 687 a 747 do **Catecismo da Igreja Católica** (CIC).

Pedro, o primeiro Papa da Igreja

Palavra inicial: Neste encontro queremos recordar que Pedro é escolhido por Jesus para ser o chefe da Igreja, o primeiro Papa. A partir do questionamento de Jesus, "tu me amas?", deseja-se mostrar que Pedro assume suas limitações e aceita sua missão confiante no Senhor.

Preparando o ambiente: Ambão com toalha da cor do tempo litúrgico, Bíblia, flores, vela e imagem de São Pedro.

Acolhida: O catequista acolhe os catequizandos saudando-os com o dizer "Jesus também pergunta, ...N...: *você me ama?* Seja bem-vindo ao nosso encontro!".

Recordação da vida: Quando todos estiverem na sala do encontro, o catequista convida-os para se colocarem ao redor da Mesa da Partilha ou da Palavra, onde trarão presentes fatos e acontecimentos que marcaram a semana e a vida da comunidade.

NA MESA DA PALAVRA

Oração inicial: O catequista conduz a oração de maneira espontânea, podendo invocar o Espírito Santo.

Em seguida, convida a todos para aclamarem o santo Evangelho. O catequizando dirige-se ao ambão e proclama o texto bíblico.

Leitura do texto bíblico: Jo 21,9-19.

Depois de um momento de silêncio, o catequista lê o texto novamente, devagar, destacando alguns pontos.

> *Quando acabaram de comer, Jesus disse a Simão Pedro: 'Simão filho de João, tu me amas mais do que estes?' Ele respondeu: 'Sim, Senhor, tu sabes que eu te amo'. [...] Pela terceira vez Jesus perguntou: 'Simão filho de João, tu me amas?' Pedro ficou triste por lhe ter perguntado três vezes 'tu me amas?' e respondeu: 'Senhor, tu sabes tudo, sabes que eu te amo'. Disse-lhe Jesus: 'Apascenta as minhas ovelhas'.*

O catequista convida a todos a sentarem ao redor da Mesa da Partilha.

NA MESA DA PARTILHA

Reconstruir com os catequizandos o texto bíblico. Depois convidar a uma leitura silenciosa da passagem proclamada, observando algum detalhe não comentado. Se houver algo, todos podem partilhar.

O catequista relembra aos catequizandos que, há alguns encontros, refletimos sobre a fragilidade de Pedro ao negar Jesus quando questionado se era um de seus seguidores. Pedro, ao ver o olhar amoroso de Jesus e escutar o galo cantar, chora arrependido. Jesus é então julgado, crucificado e morto. Porém, no terceiro dia, ressuscita e aparece constantemente aos discípulos.

Na passagem que estamos meditando encontramos Pedro, Tomé, Natanael e outros discípulos que saíram para pescar, pois, após a morte de Jesus, retomaram os trabalhos que tinham antes de conhecê-lo. Quando voltam, deparam-se com Jesus à margem pedindo-lhes algo para comer. Porém, não o reconhecem. Como não conseguiram pescar nada naquela noite, Jesus os manda lançar a rede à direita do barco e, com isso, pegam tamanha quantidade de peixes que quase não conseguem puxá-la. Aqui podemos recordar a passagem do Evangelho em que Pedro é chamado a ser pescador de homens (cf. Lc 5,1-11). O discípulo amado, a quem acredita-se ser João, reconhece o Senhor. Pedro, ao ouvir isso, imediatamente veste a roupa e se lança ao mar para ir ao encontro de Jesus. E inicia-se, assim, mais um diálogo entre Jesus e Pedro que mudará completamente a sua vida.

Após ter dado a bênção aos alimentos e comerem, Jesus pergunta a Pedro: "Simão filho de João, tu me amas mais do que estes?". Pedro responde sim. Porém, para entendermos esses questionamentos de Jesus e as respostas de Pedro, é preciso recorrer aos textos originais e entender de que "amor" estão falando. Em grego, existem três palavras que designam o amor, porém cada um com um sentido diferente:

Eros – usado para designar o amor dos enamorados, dos esposos, o amor que vai além da amizade.

Philia – significa "amizade" e era empregado ao amor familiar, à amizade fiel, ao amor fraternal.

Ágape – usado para significar o amor gratuito, desinteressado, a ponto de dar a vida por quem se ama. Esse é o amor que Jesus dedica a nós, amor total.

Sendo assim, precisamos reler o diálogo de Jesus e Pedro para melhor compreendê-lo. Quando Jesus pergunta para Pedro se o ama, Ele usa o termo Ágape, querendo saber se Pedro é capaz de amá-lo com todo o seu coração, a ponto de dar a vida por Ele, de forma profunda e incondicional. Pedro responde com a expressão Philia, ou seja, Pedro o amava como amigo, não a ponto de dar sua vida. A resposta de Pedro é sincera, pois reconheceu a sua fragilidade ao negar Jesus, agora não mais promete o que não pode cumprir.

E assim acontece com as duas primeiras perguntas de Jesus, e com as duas respostas de Pedro: "Pedro, tu me ÁGAPE?"; "Senhor, tu sabes que eu PHILIA".

Mas algo surpreendente acorre na terceira vez em que Jesus pergunta a Pedro se o ama. Jesus agora usa o termo Philia: "Pedro, tu me PHILIA?". A pergunta de Jesus, empregando a expressão Philia, significa que aceita o amor de amizade de Pedro, limitado pela fragilidade humana, pois era tudo o que seu discípulo tinha a lhe oferecer. A resposta à terceira pergunta de Jesus é a mesma: "Senhor, tu sabes que eu Philia". É o reconhecimento de um amor imperfeito, que necessita da graça e da misericórdia de Deus para ser transformado em Ágape. A resposta de Pedro é a sua profissão de fé, de acreditar que Deus pode mudar a sua vida.

As três perguntas de Jesus nos recordam das três vezes em que Pedro o havia negado. Entre os dois acontecimentos encontramos um homem (Pedro) que amadureceu e aprendeu a reconhecer suas limitações, e que sabe não poder ser fiel a Deus sem a ajuda de Cristo.

Jesus convida Pedro para pastorear o seu rebanho, sendo o primeiro Papa da Igreja. Ele sabe que, hoje, Pedro "escolhe" ter uma relação apenas de amizade, mas que, à medida que se deixar conduzir pela Palavra, esta lhe exigirá uma resposta maior e o conduzirá a entregar sua vida pelo Senhor. Assim, à medida que os laços de Pedro e Jesus se estreitarem, à medida que tiverem cada vez mais intimidade, o amor de Pedro se transformará em Ágape.

O catequista poderá perguntar se os catequizandos sabem como resultou a transformação de Pedro revelada pela forma como foi morto. Depois de ouvi-los, explicar que a tradição da Igreja testemunha a transformação total do Philia em Ágape na vida de Pedro, e nos diz que Pedro, o primeiro Papa, morreu crucificado de cabeça para baixo a seu pedido, pois não era digno de ter a mesma morte que o seu Senhor. A biografia de Pedro é testemunha e prova de que, quando nos abrimos e deixamos Deus nos conduzir, nossas vidas são transformadas.

A beleza desse Evangelho é entender que Jesus aceita o amor imperfeito de Pedro e, consequentemente, o amor de todos nós. Mais do que isso, Jesus nos confia a missão de levarmos adiante o anúncio da Boa Nova e a edificação do Reino de Deus, somos chamados a atuarmos como seus colaboradores. Jesus, portanto, nos escolhe não pelas nossas qualidades, mas pela disponibilidade que temos em servi-lo, em confiarmos no seu amor.

O catequista poderá, ainda, esclarecer que a palavra "Papa" provém de um termo grego e significa "pai", "papai", em sentido familiar e carinhoso. O Papa, nesse sentido, é o "pai" responsável por conduzir toda a Igreja e ser sinal de sua unidade. Os Papas que vieram depois de São Pedro são seus sucessores. O Papa, portanto, é o Bispo de Roma e o chefe supremo da Igreja católica, chamado também de "o Sumo Pontífice" ou "o Santo Padre".

Conclusão: O catequista conclui dizendo que a vida cristã envolve aprendizado contínuo. É a graça de Deus, através do Espírito Santo, que agirá em nossos corações a cada dia, e que nos transformará até atingirmos o ideal que Deus quer para as nossas vidas: o amor Ágape em nossos corações. Isso só será possível se buscarmos a Deus através da oração sincera, e do estudo humilde e diário da Sagrada Escritura, deixando que o Espírito Santo faça a obra em nós.

O catequista poderá pedir aos catequizandos para refletirem sobre o que o testemunho de Pedro tem a nos dizer hoje, o que aprendemos com ele.

Oração final: Após todos partilharem, o catequista convida todos a ficarem em pé ao redor da Mesa da Palavra, incentivando-os a formularem orações e preces. Poderá rezar o Pai-nosso e concluir com a oração:

Senhor Deus, que nos destes os Pedro como primeiro Papa da nossa Igreja, transformai com seu Santo Espírito o nosso amor por Vós para que sejamos verdadeiras testemunhas e construtores do seu Reino. Por Cristo, nosso Senhor. Amém.

Após a oração, o catequista impõe as mãos sobre a cabeça de cada catequizando e traça o sinal da cruz em sua fronte, dizendo: "ame a Deus com todo o seu coração, ...N..., vai em paz e que o Senhor o acompanhe! Amém".

Os discípulos de Emaús

Palavra inicial: Neste encontro queremos refletir sobre a pedagogia de Jesus, que sempre toma a iniciativa de ir ao encontro, escutar e ensinar.

Preparando o ambiente: Ambão com toalha da cor do tempo litúrgico, Bíblia, vela, flores e um grande pão.

Acolhida: O catequista acolhe os catequizandos saudando-os com o dizer "cotidianamente, Jesus caminha conosco, ...N..., seja bem-vindo!".

Recordação da vida: Quando todos estiverem na sala de encontro, pedir que se coloquem ao redor da Mesa da Partilha ou da Palavra. Em clima de oração, o catequista motiva a recordar fatos e acontecimentos que marcaram a semana, bem como a recordarem o encontro passado.

NA MESA DA PALAVRA

Oração inicial: O catequista conduz a oração invocando o Espírito Santo, rezando ou cantando.

Um catequizando aproxima-se do ambão e proclama o texto indicado. Antes, porém, todos poderão cantar aclamando o Evangelho.

Leitura do texto bíblico: Lc 24,13-35.

Depois de um momento de silêncio, o catequista lê o texto novamente, bem devagar, destacando alguns pontos.

> *Enquanto conversavam e discutiam, o próprio Jesus se aproximou e pôs-se a acompanhá-los. [...] Perguntou-lhes então: 'Que conversa é essa que tendes entre vós pelo caminho?' [...] E, começando por Moisés e por todos os Profetas, foi explicando tudo o que a ele se referia nas Escrituras. [...] E aconteceu que, enquanto estava com eles à mesa, tomou o pão, rezou a bênção, partiu-o e lhes deu. Então, abriram-se os olhos deles e o reconheceram.*

O catequista convida a todos a sentarem ao redor da Mesa da Partilha.

NA MESA DA PARTILHA

Reconstruir com os catequizandos o texto bíblico. Depois convidá-los a uma leitura silenciosa da passagem proclamada, observando algum detalhe não comentado. Se houver algo, todos podem partilhar.

O catequista contextualiza dizendo que aqueles discípulos abandonaram tudo para seguir Jesus e, depois de sua morte, voltavam tristes e decepcionados para as atividades e vida de antes. Sabemos apenas o nome de um deles: Cléofas. Acredita-se que o outro discípulo seja uma mulher, a sua esposa.

Durante o caminho, Jesus ressuscitado se aproxima deles e lhes pergunta: "Que conversa é essa que tendes entre vós pelo caminho?" (Lc 24,17). Jesus toma a iniciativa de ir ao encontro e, mesmo sabendo qual era o motivo de sua tristeza, pacientemente os ouve. Só depois de ouvir, Ele lhes fala das profecias a seu respeito, mostrando que as Escrituras já previam tudo o que aconteceu.

Durante alguns quilômetros de viagem, o Ressuscitado, um estranho a eles até então, consegue prender sua atenção e tocar os seus corações a ponto de, ao chegarem a seu destino, convidarem-no para repousar: "Fica conosco, pois é tarde e o dia já está terminando" (Lc 24,29). Jesus entra e se coloca à mesa com eles. Conforme o costume judaico, o convidado, pessoa de honra na mesa, era quem deveria presidir a "beraká", a bênção tradicional dos judeus antes das refeições. Assim Jesus o faz, abençoa e parte o pão. Nesse gesto, reconhecem-no: é Jesus que está no meio deles!

Antes estavam tristes e preocupados com os seus problemas, com o que fariam a partir da morte do Mestre. A tristeza e a preocupação não os deixou ver e reconhecer que era Jesus quem caminhava com eles. Porém, sua simples presença e palavra transformaram aqueles sentimentos; o coração, antes entristecido, agora ardia de esperança e alegria.

Eles, que viajavam durante o dia por medo, agora voltavam à noite. A noite, na Bíblia, sempre foi sinal de incertezas e do mal. O estar com Jesus faz com que eles percam o medo e se encham de coragem, a ponto de, na noite, voltarem para testemunharem junto aos demais o que acontecera e como reconheceram Jesus ao partir o pão.

Essa passagem do Evangelho de Lucas muito pode nos questionar e dizer. O catequista poderá interrogar aos catequizandos:

- ‣ O que aprendemos com as atitudes de Jesus e que podemos levar para a nossa vida e missão?
- ‣ Quais são os nossos medos e problemas que não nos deixam reconhecer Jesus?
- ‣ O que nos faz perder a esperança?

Depois de ouvi-los, continuar a dizer: Jesus sempre dá o primeiro passo. Ele sempre toma a iniciativa. Tem paciência ante as nossas fragilidades e limitações. A exemplo Dele, como cristãos, também não podemos ficar parados, precisamos ir ao encontro daqueles que estão sofrendo, com medo e sem esperança. Com paciência e amor, precisamos ouvir atentamente as dores de cada pessoa. Somente depois, imbuídos da sabedoria do Evangelho, podemos mostrar que após a cruz vem a ressurreição, vem a vitória.

Conclusão: Concluir dizendo que o gesto de partir o pão, a Eucaristia, torna-se o lugar por excelência de encontro com o Ressuscitado, ou seja, é a vida em comunidade que revela a presença do Senhor. O catequista poderá tomar o grande pão e repartir entre todos, dizendo que Jesus nos deu o exemplo, a partir dos seus gestos e testemunho. Nós também seremos reconhecidos como seguidores de Jesus se cultivarmos as mesmas atitudes que Ele teve.

Oração final: Convidar os catequizandos a ficarem em pé ao redor da Mesa da Palavra e, espontaneamente, elevar suas orações e preces ao Senhor. Rezar o Pai-nosso e concluir com a oração:

> *Senhor, Pai Santo, que nos acompanha nos caminhos da vida e nos ensina a ir ao encontro dos necessitados e a ouvi-los, que sejamos sempre imbuídos de sua Palavra para orientar e conduzir aqueles que nos forem confiados. Por Cristo, nosso Senhor. Amém.*

Após a oração, o catequista impõe as mãos sobre a cabeça de cada catequizando e traça o sinal da cruz em sua fronte, dizendo: "sem medo, ...N..., vai em paz, testemunhando as alegrias do seguimento a Cristo".

32° Encontro — As primeiras comunidades

Palavra inicial: Neste encontro queremos trabalhar um pouco de como era a Igreja primitiva. Onde as primeiras comunidades se reuniam e o que faziam. A perseguição e a convicção pelo amor ao Evangelho.

Preparando o ambiente: Ambão com toalha da cor do tempo litúrgico, Bíblia, vela e flores.

Acolhida: O catequista acolhe os catequizandos saudando-os com o dizer "os cristãos partilham seus bens com alegria, ...N..., seja bem-vindo!". Depois de conduzi-los para dentro da sala, saúda a todos mais uma vez, desejando-lhes boas-vindas.

Recordação da vida: Ao redor da Mesa da Partilha ou da Palavra, o catequista motiva os catequizandos a fazerem um momento de recordação da vida, destacando fatos e acontecimentos que marcaram a comunidade.

NA MESA DA PALAVRA

Oração inicial: O catequista motiva a oração inicial de maneira espontânea, depois convida a todos para invocar o Espírito Santo rezando ou cantando.

O catequista convida um catequizando a dirigir-se ao ambão e proclamar o texto bíblico.

Leitura do texto bíblico: At 2,42-47.

Depois de um momento de silêncio, o catequista lê o texto novamente, devagar, destacando alguns pontos.

> *Eles frequentavam com perseverança a doutrina dos apóstolos, as reuniões em comum, o partir do pão e as orações. [...] Todos os dias se reuniam, unânimes, no Templo. Partiam o pão nas casas e comiam com alegria e simplicidade de coração. Louvavam a Deus e gozavam da simpatia de todo o povo. Cada dia o Senhor lhes ajuntava outros a caminho da salvação.*

O catequista convida a todos a sentarem ao redor da Mesa da Partilha.

NA MESA DA PARTILHA

Ao redor da Mesa da Partilha, os catequizandos reconstroem o texto bíblico. Depois, são convidados a uma leitura silenciosa do texto e a partilhar algo ainda não comentado. Em seguida, o catequista diz que, após a ascensão de Jesus e do Pentecostes, cumprindo fielmente o mandato do Senhor, os apóstolos começam a anunciar o Reino de Deus e consequentemente surgem as primeiras comunidades cristãs.

A princípio, com a maioria proveniente do judaísmo, os primeiros cristãos continuavam a frequentar o templo e as sinagogas, reunindo-se em casas para rezar e partir o pão. Com o tempo e as perseguições, os primeiros cristãos foram se distanciando das práticas do judaísmo e criaram seus próprios costumes e tradições. A maior ruptura com a antiga religião se deu quando se abriram aos pagãos e constituíram o domingo como dia do Senhor por causa da ressurreição.

O livro dos Atos dos Apóstolos é testemunha dos primeiros passos dados pelos apóstolos e pelas primeiras comunidades que se formaram. Como visto hoje no texto que proclamamos, todas se constituíram e se organizaram vivendo a experiência do Cristo Ressuscitado: a convivência fraterna, a fração do pão, a oração, a fidelidade ao ensinamento dos apóstolos e à Palavra de Deus.

Lucas, portanto, descreve quatro elementos distintivos da Igreja primitiva, que se tornam o ideal e as inspirações de todas as comunidades cristãs, como afirma o Documento 100 da CNBB[9]:

▸ O **ensinamento dos apóstolos**: a palavra dos apóstolos é a nova interpretação da vida e da lei a partir da experiência da ressurreição. Os cristãos tiveram a coragem de romper com o ensinamento dos escribas, os doutores da época, e passaram a seguir o testemunho dos apóstolos. Eles consideravam a palavra dos apóstolos como Palavra de Deus (cf. 1Ts 2,13).

▸ A **comunhão fraterna**: indica a atitude de partilha de bens. Os primeiros cristãos colocavam tudo em comum a ponto de não haver necessitados entre eles (cf. At 2,44-45; 4,32; 34-35). O ideal era chegar a uma partilha não só dos bens materiais, mas também de bens espirituais, dos sentimentos e da experiência de vida, almejando uma convivência que superasse as barreiras provenientes das tradições religio-

sas, classes sociais, sexo e etnias (cf. Gl 3,28; Cl 3,11; 1Cor 12,13).

▸ A **fração do pão** (Eucaristia): herança das refeições judaicas, principalmente da ceia pascal, nas quais o pai partilhava o pão com os filhos e com aqueles que não tinham nada. Para os primeiros cristãos, a expressão lembrava as muitas vezes em que Jesus partilhou o pão com os discípulos (cf. Jo 6,11). Lembrava o gesto que abriu os olhos dos discípulos para a presença viva Dele no meio da comunidade (cf. Lc 24,30-35). A fração do pão era feita nas casas (cf. At 2.46; 20,7);

▸ As **orações**: por meio delas os cristãos permaneciam unidos a Deus e entre si (cf. At 5,12b), fortalecendo-se no momento das perseguições (cf. At 4,23-31). Os apóstolos atestavam que não poderiam anunciar o Evangelho se não se dedicassem à oração assídua (cf. At 6,4).

Tudo isso unia os seguidores de Jesus na mesma família, estreitava o vínculo entre Cristo e os irmãos. Lucas ainda deixa claro a ação do Espírito Santo, afirmando que tudo foi dom de Deus, ação do Espírito, que os fez perseverantes diante das perseguições, lutas, sofrimentos... Perseverar indica ainda que a vida cristã é um comportamento constante em vista do crescimento comum.

As primeiras comunidades cristãs constituíam o grupo dos seguidores de Jesus, onde a comunhão fraterna manifestava-se externamente na aceitação dos demais, na partilha dos bens e na distribuição dos serviços. Não se fecham em si mesmas, mas se abrem à universalidade do testemunho, do anúncio da Boa Nova de Jesus Cristo morto e ressuscitado.

Diante de tudo isso, o catequista poderá questionar sobre a realidade de nossas comunidades aos catequizandos. Observando o exemplo das primeiras comunidades cristãs, o que é preciso mudar em nossas estruturas hoje? O que podemos fazer para transformar nossas comunidades para serem verdadeiros sinais de Jesus Ressuscitado no mundo?

---

[9] CNBB. **Comunidade de Comunidades:** uma nova paróquia. Documentos da CNBB, n. 100. São Paulo: Paulinas, 2014. p. 48-49.

Conclusão: O catequista conclui comentando que nossas comunidades, hoje, lutam por uma sociedade mais adequada ao Projeto de Deus e, para isso, refletem que é preciso se adequar aos novos tempos, avaliando-se e voltando às fontes do Evangelho e ao exemplo das primeiras comunidades, como nos pediu o Concílio Vaticano II. A Igreja precisa de adaptar às mudanças da sociedade, mas se mantendo fiel a Jesus Cristo e ao Espírito Santo.

Como gesto concreto, os catequizandos poderão ser convidados a formar uma pequena comunidade, reunindo-se para rezar e partilhar a Palavra. Essa experiência poderá ser iniciada em uma novena de Natal, como orientado no material de apoio.

Oração final: Ao redor da Mesa da Palavra, o catequista motiva os catequizandos a formularem orações e preces a Deus Pai. Depois, o catequista conclui com o Pai-nosso e uma oração:

> *Deus de bondade, que desde o início conduz a Igreja com seu Santo Espírito, que nossas comunidades sejam perseverantes no ensinamento dos apóstolos, na comunhão fraterna, na fração do pão e nas orações. Por Cristo, nosso Senhor. Amém.*

Após a oração, o catequista impõe as mãos sobre a cabeça de cada catequizando e traça o sinal da cruz em sua fronte, dizendo: "Jesus está no meio de nós, ...N..., vai em paz e que o Senhor o acompanhe!".

OBSERVAÇÃO

É importante que, antes de concluir essa primeira etapa, o catequista oriente os catequizandos a pensarem e a escolherem seus futuros padrinhos ou madrinhas de Crisma. Em anexo, preparamos algumas orientações que poderão ser entregues em um *folder* aos catequizandos. Observe, porém, quais as normas e orientações de sua paróquia ou diocese.

A escolha deve ser tomada pelos catequizandos durante o período de recesso e apresentado ao catequista no início da segunda etapa, pois pretende-se, com isso, preparar melhor os futuros padrinhos/madrinhas, esclarecendo e capacitando-os na missão que assumirão através de encontros e momentos de reflexão e oração.

Material de apoio

Aprofundar o tema nos parágrafos 62 a 105 do Documento n. 100 da CNBB. **Comunidade de Comunidades: Uma Nova Paróquia.**

Aprofundar o tema nos parágrafos 93 a 107 do Documento n. 105 da CNBB. **Cristãos Leigos e Leigas na Igreja e na Sociedade.**

A seguir, lê-se um trecho da **Catequese**, do Papa Bento XVI, dirigido aos peregrinos reunidos na Sala Paulo VI para a audiência geral do dia 19 de janeiro de 2011.

Na passagem citada nos Atos dos Apóstolos, quatro características definem a primeira comunidade cristã de Jerusalém como um lugar de união e amor, e São Lucas não quer apenas descrever um acontecimento passado. Ele no-lo mostra como um modelo, como padrão para a Igreja do presente, porque estas quatro características devem constituir a vida da Igreja. A primeira característica é ser unida na escuta dos ensinamentos dos Apóstolos, na comunhão fraterna, na fração do pão e na oração. Como mencionei, estes quatro elementos ainda são os pilares da vida de cada comunidade cristã e constituem um fundamento único e sólido sobre o qual a basear nossa busca da unidade visível da Igreja.

Antes de tudo, temos a escuta do ensinamento dos Apóstolos, ou seja, a escuta do testemunho que eles dão sobre a missão, a vida, a morte e a ressurreição do Senhor Jesus. Isso é o que Paulo chama simplesmente de "Evangelho". Os primeiros cristãos recebiam o Evangelho diretamente dos Apóstolos, estavam unidos para a sua escuta e sua proclamação, pois o Evangelho, como diz São Paulo, "é o poder de Deus para a salvação de todo aquele que crê" (Rm 1,16). Ainda hoje, a comunidade dos crentes reconhece, na referência ao ensinamento dos Apóstolos, a própria norma de fé: todos os esforços para construir a unidade entre os cristãos passam pelo aprofundamento da fidelidade ao *depositum fidei* que recebemos dos Apóstolos. A firmeza na fé é a base da nossa comunhão, é o fundamento da unidade dos cristãos.

O segundo elemento é a comunhão fraterna. Na época da primeira comunidade cristã, bem como em nossos dias, essa é a expressão mais tangível, especialmente para o mundo exterior, da unidade entre os discípulos do Senhor. Lemos nos Atos dos Apóstolos – e o escutamos – que os primeiros cristãos tinham tudo em comum, e quem possuía bens e haveres vendia-os para ajudar os necessitados (cf. At 2,44-45). Essa comunhão dos próprios bens encontrou, na história da Igreja, novas formas de expressão. Uma delas, em particular, é o relacionamento fraterno e de amizade construído entre cristãos de diferentes confissões. A história do movimento ecumênico é marcada por dificuldades e incertezas, mas é também uma história de fraternidade, de colaboração e de comunhão humana e espiritual, que alterou significativamente as relações entre os crentes no Senhor Jesus: todos nós estamos empenhados em continuar neste caminho. O segundo elemento é, portanto, a comunhão, que é acima de tudo comunhão com Deus através da fé. Mas a comunhão com Deus cria a comunhão entre nós e se traduz necessariamente na comunhão concreta sobre a qual fala o livro dos Atos dos Apóstolos, ou seja, a comunhão plena. Ninguém na comunidade cristã deve passar fome, ninguém deve ser pobre, é uma obrigação fundamental. Comunhão com Deus, feita carne na comunhão fraterna, traduz-se em particular no esforço social, na caridade cristã, na justiça.

Terceiro elemento. Na vida da primeira comunidade de Jerusalém também foi fundamental o momento da fração do pão, no qual o próprio Senhor está presente com o único sacrifício da cruz, em entrega completa pela vida dos seus amigos: "Este é o meu corpo entregue em sacrifício por vós... este é o cálice do meu Sangue... derramado por vós". Entendemos que "a Igreja vive da Eucaristia. Esta verdade não exprime apenas uma experiência diária de fé, mas contém em síntese o coração do mistério da Igreja" (ECCLESIA DE EUCHARISTIA, 1).

A comunhão no sacrifício de Cristo é o ponto culminante de nossa união com Deus e, portanto, também representa a plenitude da unidade dos discípulos de Cristo, a plena comunhão. Durante esta semana de oração pela unidade, está particularmente vivo o lamento pela impossibilidade de partilhar a mesma mesa eucarística, um sinal de que ainda estamos longe de alcançar a unidade pela qual Cristo orou. Esta experiência dolorosa, que confere uma dimensão penitencial à nossa oração, deve se tornar uma fonte de um esforço mais generoso ainda, por parte de todos, visando a eliminar todos os obstáculos à plena comunhão para que chegue o dia em que seja possível reunir-se em torno da mesa do Senhor, partir juntos o pão eucarístico e beber todos do mesmo cálice.

Finalmente, a oração – ou, como diz Lucas, "as orações" – é a quarta característica da Igreja primitiva de Jerusalém, descrita nos Atos dos Apóstolos. A oração é, desde sempre, uma atitude constante dos discípulos de Cristo, que acompanha sua vida diária em obediência à vontade de Deus, como testemunham também as palavras do apóstolo Paulo, escrevendo aos tessalonicenses, em sua primeira carta: "Estai sempre alegres. Orai sem cessar. Dai graças a Deus em todos os momentos: isso é o que Deus quer de todos vós, em Cristo Jesus" (1Tes 5,16-18; cf. Ef 6,18). A oração cristã, participação na oração de Jesus, é por excelência uma experiência filial, como testemunham as palavras do pai-nosso, a oração da família – o "nós" dos Filhos de Deus, dos irmãos e irmãs – que fala a um Pai comum. Estar em oração implica, portanto, abrir-se à fraternidade. Só no "nós" podemos dizer "pai-nosso". Abramo-nos à fraternidade que deriva de sermos filhos de um Pai celeste e, portanto, de estarmos dispostos ao perdão e à reconciliação.

Queridos irmãos e irmãs, como discípulos do Senhor, temos uma responsabilidade comum para com o mundo: como a primeira comunidade cristã de Jerusalém, partindo do que já compartilhamos, devemos oferecer um testemunho forte, espiritualmente baseado e apoiado pela razão, do único Deus que se revelou e que nos fala em Cristo, para sermos portadores de uma mensagem que oriente e ilumine o caminho do homem da nossa época, frequentemente privado de pontos de referência claros e válidos.

Encontros da Novena de Natal

Somos comunidade!

Palavra inicial: Amados catequistas, queremos ao final desta etapa propor que os catequizandos façam uma experiência de comunidade, a exemplo das primeiras comunidades. Como motivação, sugerimos que organizem os catequizandos para se reunirem a princípio para rezar a Novena de Natal. Para isso, poderá dividi-los em pequenos grupos, distribuindo os encontros da Novena e pedindo que se preparem, tendo em vista as funções de animador, presidente, equipe de canto e acolhida, conteúdo e outras. Para os encontros da Novena poderão ser convidados os familiares de cada catequizando para participar.

Local e horário deverão ser definidos com antecedência, podendo ser cada dia na casa de um dos catequizandos, ou na própria comunidade, capela ou Igreja. Por ser uma Novena, o ideal é que aconteça nove dias antes da Vigília do Natal.

O roteiro da novena poderá ser o mesmo adotado pela paróquia/diocese.

DIA	DATA	HORÁRIO	LOCAL	RESPONSÁVEIS
1º	15/12			
2º	16/12			
3º	17/12			
4º	18/12			
5º	19/12			
6º	20/12			
7º	21/12			
8º	22/12			
9º	23/12			
NATAL	24/12			

II Parte

ANEXOS

Encontro com as FAMÍLIAS

Palavra Inicial: Sugere-se ao menos quatro reuniões bimestrais com os familiares e/ou responsáveis pelos catequizandos, como uma oportunidade de aproximá-los da vida eclesial e ajudá-los a compreender seu papel fundamental na educação cristã dos filhos.

Buscando constituir uma Pastoral de Conjunto, os encontros poderão ficar sob a responsabilidade da Pastoral Familiar ou serem realizados pelos grupos da paróquia que trabalham com as famílias.

Os encontros deverão ser preparados de maneira acolhedora e celebrativa. Nunca com o objetivo de ser uma cobrança, mas como meio para mostrar-lhes as maravilhas que Deus realiza em nossas vidas, a sua infinita misericórdia, a oportunidade que Ele lhes dá de assumirem a fé e transmiti-las aos filhos.

É importante preparar o espaço no qual o encontro se realizará, criando um ambiente celebrativo (ambão, flores, velas, imagem da Sagrada Família...). Ao final, poderá ser realizada uma partilha fraterna (café, chá, bolos...). É uma oportunidade de os membros das Pastorais se aproximarem dos familiares e conhecê-los melhor, convidando-os a participar das atividades da comunidade.

Algumas funções poderão ser distribuídas com antecedência:

- animador;
- equipe de canto;
- pessoa para proclamar a leitura bíblica;
- casal que conduzirá a reflexão e partilhas;
- ministros para acolhida.

PROPOSTA DE TEMAS PARA AS REUNIÕES

(Outros temas e um número maior de encontros poderão ser desenvolvidos de acordo com a realidade.)

1º ENCONTRO
Tema: A fé: dom de Deus

2º ENCONTRO
Tema: A espiritualidade cristã na família

3º ENCONTRO
Tema: A educação cristã dos filhos

4º ENCONTRO
Tema: Dedicando tempo à família

Sugestão de roteiro para os encontros com as famílias

- Acolhida e saudação inicial.
- Convite à oração / invocação do Espírito Santo.
- Proclamação e escuta da Palavra.
- Silêncio / Reflexão e meditação do texto bíblico.
- Partilha / preces e louvores.
- Benção e envio.

Sugestão de *folder* para ser distribuído aos catequizandos
(Verificar se na diocese ou paróquia existem orientações ou normas específicas.)

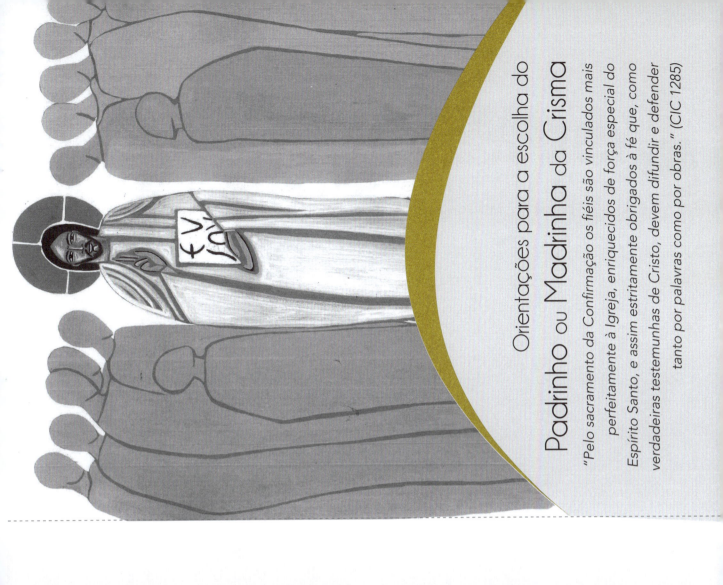

Orientações para a escolha do Padrinho ou Madrinha da Crisma

"Pelo sacramento da Confirmação os fiéis são vinculados mais perfeitamente à Igreja, enriquecidos de força especial do Espírito Santo, e assim estritamente obrigados à fé que, como verdadeiras testemunhas de Cristo, devem difundir e defender tanto por palavras como por obras." (CIC 1285)

Pelo sacramento do Batismo

fomos inseridos na comunidade, passamos a fazer parte dessa grande família chamada Igreja Católica Apostólica Romana e recebemos seu sobrenome: Cristãos! Membros dessa Igreja, filhos adotivos de Deus, assumimos o compromisso e a responsabilidade do mandato deixado por Jesus: "Ide a todo mundo e pregai o Evangelho a todo criatura" (Mc 16,15).

Pelo sacramento da Confirmação

recebemos uma "efusão especial do Espírito Santo, como foi outorgado outrora aos apóstolos no dia de Pentecostes. Por isso, a confirmação produz crescimento e aprofundamento da graça batismal:

- ▸ enraíza-nos mais profundamente na filiação divina, que nos faz dizer 'Abba, Pai' (Rm 8,15);
- ▸ une-nos mais solidamente a Cristo;
- ▸ aumenta em nós os dons do Espírito Santo;
- ▸ torna mais perfeita nossa vinculação com a Igreja;
- ▸ dá-nos uma força especial do Espírito Santo para difundir e defender a fé pela palavra e pela ação, como verdadeiras testemunhas de Cristo, para confessar com valentia o nome de Cristo e para nunca sentir vergonha em relação à cruz" (CIC 1302-1303).

Durante a caminhada de preparação para o recebimento do sacramento da Confirmação, a Igreja confia Padrinhos e Madrinhas para auxiliarem os futuros afilhados no entendimento e na compreensão da fé, acima de tudo para ajudá-los a se inserir na vida eclesial e experimentar comunitariamente a fé professada, participando ativamente de comunidades, pastorais, movimentos e associações.

Nesse sentido, os padrinhos e madrinhas escolhidos devem ser verdadeiros exemplos de fé, devem ser engajados na vida da Igreja, ter uma vida de oração e comprometimento com o Evangelho e seu o anúncio.

Sendo assim, é preciso observar alguns critérios antes de escolher os futuros padrinhos e madrinhas, que vão muito além da amizade:

- ▸ Tenham no mínimo 16 anos completos.
- ▸ Sejam católicos, tendo recebido a Confirmação (Crismado).
- ▸ Já tenham recebido a Eucaristia.
- ▸ Levem uma vida de acordo com a fé e o encargo que vão assumir, participando ativamente da Igreja e da vida da comunidade.
- ▸ Não tenham sido atingidos por nenhuma falta canônica.
- ▸ Não sejam o pai ou a mãe do crismando.
- ▸ Não sejam namorado(a), noivo(a) ou esposo(a) do (a) crismando(a).
- ▸ Se casados, no religioso.
- ▸ Os casais em segunda união podem ser admitidos como padrinhos, desde que deem testemunho de vida cristã e participem ativamente na vida da Igreja.

Conecte-se conosco:

 facebook.com/editoravozes

 @editoravozes

 @editora_vozes

 youtube.com/editoravozes

 +55 24 99267-9864

www.vozes.com.br

Conheça nossas lojas:
www.livrariavozes.com.br

Belo Horizonte – Brasília – Campinas – Cuiabá – Curitiba
Fortaleza – Juiz de Fora – Petrópolis – Recife – São Paulo

EDITORA VOZES LTDA.
Rua Frei Luís, 100 – Centro – Cep 25689-900 – Petrópolis, RJ
Tel.: (24) 2233-9000 – E-mail: vendas@vozes.com.br